AF453895

NOTES

SUR

BORNÉO

PAR

J. NOBLE

COULOMMIERS

IMPRIMERIE PAUL BRODARD

—

1921

NOTES SUR BORNÉO

NOTES

sur

BORNÉO

PAR

J. NOBLE

COULOMMIERS

IMPRIMERIE PAUL BRODARD

—

1921

Tous droits réservés.

INTRODUCTION

Au cours de ces dernières années, les études entreprises, notamment pour la construction de chemins de fer et de tramways, ont montré une différence profonde, au sujet de la situation économique de Bornéo, entre les descriptions des écrivains passés et la situation actuelle.

L'opinion qui avait cours reposait sur l'état d'un pays non défriché, la pauvreté de ses habitants, les déceptions survenues en ce qui regarde l'agriculture et les mines, et les troubles politiques.

Il est acquis maintenant qu'un revirement s'est produit et qu'une population prospère et laborieuse vit à Bornéo; sans soutien des gouvernants ni des capitaux européens, elle a fait, de maintes régions, un pays de cultures égalant les plus florissantes de l'Insulinde.

Pour la compréhension géographique de Bornéo, si curieux par les usages de ses aborigènes et dont l'intérieur n'est connu que depuis vingt ans, un chapitre a été consacré, dans ce livre, à la partie occidentale et un autre à la partie méridionale et orientale qui constituent deux résidences et que sépare une chaîne de montagnes allant du sud-ouest au nord-est.

En contribuant à faire connaître une contrée à sol riche, je souhaite servir les intérêts du commerce français.

J. N.

Vice-consul de France.

Juin 1919.

De nombreuses observations contenues dans l'ouvrage ont été communiquées à l'auteur par M. L. Van Vuuren, chef du Bureau encyclopédique des Indes néerlandaises.

NOTES SUR BORNÉO

CHAPITRE I

BORNÉO HOLLANDAIS

1. Généralités. — Explorations. — Bornéo est, après la Nouvelle-Guinée, la plus grande des îles de l'Archipel malais.

Située entre le 7ᵉ degré de Lat. N. et le 4ᵉ degré de Lat. S., et entre le 109ᵉ et le 119ᵉ degré de Long. E., elle a une superficie de 736 000 kilomètres carrés, et, avec les îles en dépendant de 758 000.

Plus des deux tiers de l'île appartiennent à la Hollande ; le reste, c'est-à-dire la partie nord et une partie de l'ouest, à l'Angleterre, à la suite d'un arrangement intervenu le 20 juin 1891.

On n'y trouve pas de volcan en activité.

Les Espagnols abordèrent les premiers à Bornéo en 1521 ; en 1598 vinrent les Hollandais, ensuite les Anglais.

*
* *

Bornéo hollandais est divisé en deux résidences : celle de l'ouest, celle du sud et de l'est, placées sous l'autorité du Gouverneur général des Indes néerlandaises.

*
* *

Le commerce de ces résidences s'est élevé en 1913 : à 19494000 florins[1] pour l'importation, et à 63945000 florins pour l'exportation.

L'importation comprend surtout : les tissus, l'horlogerie, la mercerie, les manufacturés, les objets en porcelaine, en faïence, la verroterie, les machines, les bicyclettes, les métaux, les émaux. L'indigène achète beaucoup d'articles courants.

Des services réguliers de navigation existent le long des côtes et entre Bornéo et Java, ainsi qu'avec Singapore.

*
* *

On rencontre à Bornéo le buffle, le petit ours, le rhinocéros, le tapir, le banteng (grand bœuf sauvage), le tigre, la panthère, les cerfs, les singes, les sangliers, les coqs de bruyère, les faisans, les crocodiles, etc....

Le buffle est l'animal de trait par excellence car le cheval n'est pas connu chez les dajaks.

L'orang-outang (en malais, orang : homme, oetan : bois[2]) est originaire de ce pays et se tient dans les forêts du centre.

*
* *

Des concessions de terres pour plantations, allant jusqu'à 5000 bouws (le bouw : 7069 m^2) et situées dans les territoires administrés directement, sont données par le Gouvernement indo-néerlandais en emphytéose de soixante-quinze ans, susceptible de prolongation, aux sujets hollandais, aux habitants des Pays-Bas ou des Indes néerlandaises, et aux sociétés commerciales établies dans ces deux pays. Pour les régions autonomes, ces concessions sont obtenues des princes et chefs, dans les mêmes conditions.

---

1. Cours normal du florin : 2 fr. 10
2. *oe* se prononce *ou*.

Une redevance annuelle de 1 florin au plus par bouw est perçue à partir de la sixième année d'entrée en possession.

Les minerais ne peuvent être exploités qu'à la suite de contrats passés avec le Gouvernement ou les États autonomes.

*
* *

Ce n'est que peu après 1820 qu'on a commencé à installer des établissements sur la côte occidentale et parmi les hommes qui s'en occupèrent il faut citer Georges Muller, le premier qui s'acquit un nom dans l'exploration de Bornéo.

Muller, ancien officier du génie de l'armée de Napoléon, passa, après la chute de l'Empereur, au service militaire, puis civil, des Indes néerlandaises, d'abord à Sambas (côte occidentale) et plus tard à la côte orientale.

Il entrait dans ses fonctions d'entreprendre des voyages de découverte, qu'il fit deux fois, en remontant, de la côte occidentale, le Kapoeas, atteignant l'Embaloe et ensuite le voisinage de la région où le Kapoeas prend sa source. Après, il fut chargé par le Gouvernement de nouer des relations avec les princes malais de la côte orientale. Sa mission accomplie, il pénétra, accompagné d'une douzaine de soldats, le long du Mahakam, jusqu'à sa source et traversa la ligne de partage des eaux du Mahakam et du Kapoeas; mais, à quelques journées de marche de là, il était assassiné par son escorte.

Parmi ceux qui contribuèrent à étendre les connaissances de la grande île, on peut placer au premier rang les membres de la Commission des Sciences naturelles, corps de savants formé par le Gouvernement hollandais : MM. Schwaner, Horner et Von Gaffren, ainsi que M. Von Dewal, assistant-résident du Koetei.

Après 1881, on ne fit plus guère de grands voyages. L'accroissement continu de l'influence hollandaise sur la côte occidentale et méridionale, la pénétration de plus en plus grande à l'intérieur, l'action des fonctionnaires et par la suite de l'administration des Mines, contribuèrent pour une grosse part à faire connaître en détail les régions déjà explorées. Mais on doit surtout des notions géographiques aux efforts des militaires : la révolte de Bandjermasin[1] les obligea à dresser des cartes de la région du Barito, tandis qu'une brigade du service topographique établit de 1886 à 1893 celle de toute la section occidentale.

Néanmoins, une partie très considérable de Bornéo demeurait inconnue et on ne savait encore, en 1893, que peu de chose de la population du centre et de l'est.

De concert avec M. Tromp qui, étant assistant-résident au Koetei, avait remonté le haut Mahakam, la Société pour l'avancement des recherches scientifiques dans les colonies néerlandaises organisa, en 1894, une expédition pour explorer le centre du pays au point de vue des sciences naturelles. Elle comprenait : le Dr A.-W. Nieuwenhuis comme médecin, le professeur Molengraaff, géologue, le Dr Büttikofer, zoologue et le Dr Hallier, botaniste.

L'expédition, partie de la côte occidentale, s'établit d'abord à Smitau, puis sur un affluent méridional du Kapoeas, le Mandai, sur le territoire des Oeloe Ajar Djak, et à Poetoes Sibau, le dernier poste de police sur le haut Kapoeas. De là, elle devait entreprendre de nouvelles explorations; elle alla jusqu'au Penanei, le premier ruisseau du bassin du Mahakam.

En 1896 et 1897, le Dr Nieuwenhuis, avec deux compagnons : MM. J. Demmeni et Von Berchtold, réussit, sans escorte armée, la traversée de Pontianak au Koetei, parcourant ainsi Bornéo, de l'ouest à l'est, par le centre.

2. Les Dajaks. — Bornéo est un petit monde qui présente des formes de civilisation, de demi-civilisation et de barbarisme.

Les Dajaks sont les autochtones.

Ils semblent appartenir à la race des Chams et des Banhars de l'Indochine, et, comme eux, descendre des Mongols, dont ils ont les apparences. Ne trouve-t-on pas à Bornéo des objets de style tout à fait mongol? Certains croient à une race intermédiaire hindoue.

Leur visage est plat, les yeux sont fendus; leur teint brun

---

1. De 1859 à 1862 contre le Sultan et le Gouvernement. Le sultanat fut supprimé à la suite de cette révolte.

jaune, mais les femmes sont généralement moins foncées. Les tribus qui vivent dans les montagnes sont même blanches. Hommes et femmes portent les cheveux longs.

On compte, en Bornéo hollandais, près d'un million de Dajaks.

Orang dajak (homme dajak) veut dire, en malais, montagnard ou habitant de l'intérieur, et, à ce titre, équivaut au nom : taradja, païen du centre de Célèbes. Les Malais du littoral ont aussi attaché au nom d'orang dajak, au cours des temps, la signification de : villageois, rustre, païen.... On peut tirer de tout ceci, que les Dajaks eux-mêmes n'ont jamais employé ce mot; ils donnent, d'ailleurs, à la tribu le nom de la rivière sur laquelle ils demeurent ou de laquelle ils proviennent.

Ils sont divisés en une grande quantité de tribus qui présentent de la concordance en plusieurs points et diffèrent sur d'autres. Chacune d'elles se sert d'un propre idiome, lequel dérive des autres langues de l'Insulinde, notamment du javanais. Les Dajaks parlent plus ou moins le chinois dans les districts chinois de Bornéo-ouest, tandis qu'ils connaissent assez bien le malais.

Ils ignorent l'écriture.

Chassé de la côte et des principales rivières, dans l'ouest, par les principautés malaises, le Dajak ne conservait son indépendance complète que dans la région de Songkong qui se trouve dans la partie amont du Sekajan, et plus loin, à l'intérieur, en amont du Kapoeas au-dessus de Smitau, à l'amont du Melawi et à la rivière de Pinoh.

Comme les Malais occupaient toutes les voies d'eau, les Dajaks étaient en leur pouvoir; contre le sel et le tabac, ils leur prenaient ce que rapportaient les champs. Les impôts et les achats se payaient en riz. Plus tard, ils les forcèrent à cueillir les produits des forêts. Et des guerres acharnées se terminaient toujours au préjudice des Dajaks.

La richesse des minerais précieux de certains pays de l'ouest était une source de conflits sans fin entre les principautés malaises, et de destructions. L'immigration, dans ces régions, au XVIIIᵉ siècle, des Chinois, n'apporta pas de changement; les Chinois restaient indépendants des Malais, mais les Dajaks formant tampon entre les états chinois et les principautés, ne faisaient que changer de maîtres. Les Chinois aussi pillaient les Dajaks, mais sous une forme moins dure; d'ailleurs, ils s'apparentaient à eux et s'en servaient comme de contrepoids vis-à-vis des princes. Cependant, plus tard, les Kongsis (associations chinoises) eurent peu de pitié pour les biens et la vie des Dajaks. Des collisions étaient fréquentes où Dajaks et Chinois s'abreuvaient dans le sang.

L'établissement de l'autorité hollandaise fit espérer dans une situation meilleure, mais cet espoir était déçu lorsqu'en 1826 on négligea tout à fait les possessions extérieures de Java. L'administration réelle n'existe pas, ce qui rend impossible l'amélioration du sort des Dajaks, et des Anak-Soenggei (Malais n'appartenant pas à la classe dirigeante et s'adonnant à l'agriculture le long des rivières) qui étaient pillés même par ceux-ci. Le pays continuait à vivre dans le désordre et, encore ces derniers temps, les Dajaks, sur le Kapoeas, étaient taillables et corvéables à merci, et dans les pays de Mampawa et de Sambas l'arbitraire n'avait pas diminué.

Les tribus qui se sont trouvées sous l'autorité des princes malais subissent les conséquences de cet asservissement qui a laissé ses empreintes dans le caractère du Dajak, devenu rusé et soupçonneux, dans son attitude d'apathie et de délaissement. Il est grêle et d'une taille moyenne de 1 m. 55; toutefois, il s'est adapté à la nature, il peut résister aux privations et aux fatigues et est connu comme un bon coureur.

Ces tribus s'étaient établies sur les affluents. Chaque tribu habite une région qu'elle quitte rarement et dont les limites sont définies par les eaux.

Celles qui n'ont pas connu d'autorité ou qui avaient su se défendre contre les princes malais en Matan et les Chinois en Landak, gardent leur caractère de fierté et de personnalité. Les Dajaks font là meilleure impression. Ceux surtout de l'amont du Kapoeas et de l'amont du Melawi sont plus vigoureux et ont plus conscience d'eux-mêmes. Leur adresse comme rameurs ne peut être égalée. Ils démontrent une cer-

Types de Dajaks.

Croisement de Dajaks et de Bouguis.

taine prospérité et occupent de vastes terrains sur lesquels aucune autre tribu n'a pénétré.

Dans le sud-est de Bornéo, les Malais qui s'établissaient en Oeloe Soengai chassaient les Dajaks vers les montagnes de Meratoes.

L'influence malaise sous les formes mauvaises s'est infiltrée chez les Dajaks : la passion du jeu aux dés et des combats de coqs est due aux Malais. Cependant, l'immodération dans les fêtes, la légèreté des mœurs, entre autres des prêtres et prêtresses du haut Barito, et des tribus du bassin du haut Melawi, ne sont pas à attribuer à cette influence, du moins entièrement.

Dans le bassin du Barito, qui diffère en certains points des us et coutumes des autres contrées dajaks, les Hindous ont été les premiers à nouer des relations avec les tribus sauvages. Ils se sont établis parmi elles, leur ont apporté une certaine culture et probablement appris les premiers principes de la religion : l'idée de l'immortalité de l'âme ne porte-t-elle pas la marque de l'intrusion hindoue?

Les Chinois ont peut-être acquis plus d'influence. Beaucoup de superstitions des Dajaks ne sont qu'une répétition de la superstition chinoise et la nature de certaines de leurs industries fait supposer que les Chinois les leur ont fait connaître.

Mais les institutions sociales du Dajak sont aujourd'hui fortement exposées à des transformations à la suite de l'intervention du Gouvernement.

Ne voyait-on pas les chefs de kampong (village) donner des ordres, rassembler les produits du pays, faisant le commerce, prélevant les impôts à payer au sultan? Ils gouvernaient, mais ne s'inquiétaient que de leur propre intérêt. Ils arrivaient à assujétir le peuple et des distinctions se créaient. Les « orang Patan », dans le temps propriétaires et maîtres du pays, sont maintenant des serfs; ils labourent eux-mêmes les ladangs (culture du riz à sec), récoltent le rotin, le damar, etc.... Si le gain est pour eux, ils doivent obéir aux ordres du chef qui peut les faire travailler pour le compte du kampong ou pour son propre compte. Les « orang Mardika », parents éloignés des chefs, forment le pilier de la communauté; ils sont souvent en possession d'une fortune et ne servent que lorsqu'il s'agit de travaux entrepris dans un intérêt général. Les « orang Boedak » ou « Pandeling » pris dans la classe des Mardika qui ont des dettes deviennent les domestiques des chefs et des Mardika riches; le Boedak est libre et indépendant lorsqu'il a réglé celles-ci. Les Patan ou autres peuvent aussi avoir des Boedak, à la condition de payer leurs dettes. Les dettes non payées passent, après la mort du Boedak, à ses descendants qui restent Boedak jusqu'à ce qu'ils s'en soient entièrement libérés.

Les « orang Abdi » ont été enlevés le long des côtes de Java et autres îles et emmenés du Koetei, de Tanah-Boemboe, etc..., où ils étaient mis en vente. Ils restent esclaves pour toujours. L'Abdi est mis à mort dans des occasions solennelles, s'il n'est pas capable de travailler.

Les « orang Tangkapan » sont des prisonniers de guerre, le plus souvent des femmes et des jeunes filles, et, à tous égards, comparés aux Abdi.

Une autre conception des habitants d'un kampong est l' « orang Tamoi » ou étranger qui voyage, pour faire le commerce le plus souvent. Il demeure généralement hors du kampong quand ce kampong est un benteng (forteresse); il est obligé d'obéir au chef.

Dès que les fonctionnaires hollandais sont entrés en relation avec les Dajaks, qui eurent conscience de leur libération de l'oppression, ceux-ci se sont relevés. Dans les districts chinois, dans le Landak et dans la région de Sintang, notamment, ils imitent la culture rationnelle du riz et du caoutchouc; cette culture on peut la voir aussi en Tajan, à Sanggau, Sekadau et en Matan. Temps jadis, ils exploitaient les forêts, poussés par la nécessité; aujourd'hui, quoique d'une manière inconsidérée, ils agissent par esprit de gain.

Abandonnés à leur propre sort, confondus dans la superstition la plus profonde et l'ignorance, les Dajaks ont été, pendant cinq siècles, les jouets d'intrus énergiques mais sans scrupule. Aussi, le Gouvernement hollandais a-t-il dû mener une guerre de plus de quinze ans contre certaines tribus méfiantes pour arriver à les soumettre, et ce n'est qu'en 1904 que Bornéo a été pacifié complètement.

Les Dajaks comprennent vite et ont du jugement, mais les facultés de l'intelligence sont peu développées en raison de leur pratique de la vie et de leur isolement. Les insinuations, par leur grande imagination, les entraînent facilement; cependant, ils se laissent persuader par la raison.

La plupart des tribus sont honnêtes et franches, hospitalières.

Elles ont, autrefois, vécu dans l'hostilité, à cause du coupage de têtes; c'est, avec la famine et les épidémies (de variole et de fièvres) le motif de la très faible densité de la population.

Des tribus d'une basse civilisation errent dans les montagnes du centre de Bornéo : Poenan, Boekat et Penihing qui vivent des produits de la forêt; soumis depuis quelque temps, on a pu remarquer que çà et là ils créent des installations.

Les indigènes assurent qu'il y a, dans le fin fond de l'intérieur, une race d'êtres absolument sauvages, qu'ils appellent « orang Boentoel » (mots malais qui signifient homme à queue). Les orang Boentoet avant de s'asseoir creusent du doigt dans le sol un petit trou pour y loger leur appendice caudal! Ils se sauvent à la vue de l'étranger, et les Malais, les Dajaks même, ne peuvent les approcher.

Qui les a jamais vus? Personne peut-être!

Près des côtes, le Dajak est mêlé de sang malais, chinois ou bouguis[1].

*
* *

Les Dajaks sont animistes. La crainte des esprits joue un rôle prédominant, souvent funeste.

Chaque Dajak a deux âmes : une qui est sage, l'autre qui s'évade et va se cacher dans les arbres, les rochers, etc... et, esprit malin, devient la source de tous les maux; cette hantise exerce une influence obstruante pour un travail régulier : une pierre en travers du chemin, une branche coupée, le fait retourner chez lui et il ne travaille plus de la journée.

---

1. Les bouguis sont originaires de Célèbes.

Dernièrement, un dajak arrivait dans un kampong pour y rencontrer sa fiancée. Il ne la trouve pas. Il est arrêté, ne possédant pas le *passe* dont doit être muni tout Dajak en voyage. Le Contrôleur lui fait donner asile pour la nuit, en attendant que l'enquête fasse connaître qui il est. Il s'échappe; rattrapé, et comme on lui exprimait de la surprise pour son évasion, alors qu'il était bien traité : « J'ai deux âmes, répondit-il, une qui est tranquille, l'âme humaine, et l'autre très inquiète : l'âme de singe. Si cette dernière prend le dessus, je ne puis résister et je dois errer: cette nuit, l'âme de singe a pris le dessus, et je devais m'en aller. Ce n'est pas ma faute. » Et notre homme était tout étonné de voir sourire à cette dissertation.

« Dans la conviction des Kajan, disait le Dr Nieuwenhuis, au cours d'une conférence à Batavia, le sort est dirigé par une légion de bons et de malins esprits; ceux-ci sont facilement offensés et alors ils se vengent en occasionnant la maladie et des contrariétés. Après les esprits malins, leurs propres âmes font la vie dure aux Kajan; chacun en a deux qui ne sont que très légèrement liées au corps et s'enfuient pour un motif insignifiant et la maladie en est la conséquence. »

Il est assez difficile d'arriver à juger de leurs affaires intimes. Le point capital, le culte, paraît scellé de sept sceaux. « Au début, continuait le Dr Nieuwenhuis, avant de savoir le dessous de la chose, j'avais besoin de tout mon sang-froid pour ne pas perdre patience; si je commençais à faire une allusion à cette question, mes meilleures connaissances se retiraient. La révélation de la science sacrée, fermée d'ailleurs à beaucoup, était pleine de dangers! Bientôt pourtant, il me sembla qu'on ne pouvait connaître la vérité que par les quelques personnes au courant, et le hasard voulut que j'en trouve une : la grande prêtresse Oesoen, de la tribu des Tandjong-Karang. Oesoen paraissait avoir une certaine indifférence pour les dangers que pouvait entraîner le sujet. Elle me dit qu'elle avait un remède contre la fuite de ses âmes. Elle les cajolait avec un peu de coton, du corail, et une pièce de monnaie (que je devais lui donner); elle pressait ensuite fortement la pièce entre les dents pour la mettre en contact intime avec l'âme. Oesoen me décrivit aussi le chemin que font les âmes pour atteindre le ciel au-dessus de l'Apo-Kajan (haut Kajan). »

L'idée du Dajak, relativement à l'état de l'âme après la mort, est très matérielle.

Les âmes, dans l'au-delà, se retrouvent dans la même situation qu'ici-bas, mais les Dajaks y mènent une vie exempte de tracas. Tout dans cette nouvelle existence est en abondance; les désirs sont entièrement exaucés. Couverts d'or et de pierres précieuses, ils se réjouissent dans des fêtes continues et bruyantes.

Celui qui était riche, honoré et puissant, celui qui était pauvre, dans ce monde, le reste dans l'autre; l'esclave reste esclave; le boedak reste boedak, mais tous profitent, dans leur cercle, des délices célestes.

Il n'y a que trois péchés pour lesquels les coupables sont exclus de la béatitude et bannis sur les bords du lac de « Tassik Laijang Deriaran ». Ici, les voleurs habitent ensemble et portent perpétuellement les objets volés sur le dos. Les chefs injustes vivent sur la plage sous forme de demi-cerf et demi-homme. Celui qui a trompé son prochain reste enfermé seul dans une cellule.

Dans les notes que m'a communiquées M. Lallement[1], j'ai relevé au sujet du prêtre-sorcier :

« Au Lahei. Le chef du village m'avait demandé si on pouvait faire de la musique dans la maison d'à côté, où se trouvait un malade. Faire du bruit, chanter, voilà leur médecine! Donc, vers 8 heures, à peine étais-je couché, le tintamarre commence. Quelques petits tambourins au son clair et des grelots. De temps en temps, la musique cesse et alors s'élève un chant bizarre, comme une sorte de litanies sur un ton tantôt sourd, tantôt aigu; le chanteur s'égosille, tousse et reprend sa plainte encore plus sonore. Pauvre malade! C'est, je suppose, comme une sorte d'exorcisme qui réclame l'obscurité de la nuit. La cérémonie a duré jusqu'à 2 heures du matin. Quand avant 6 heures, il faut se lever pour reprendre le

---

1. Voir chapitre IV les notes de M. Lallement.

2

voyage, on ne bénit pas les Dajaks, mais on leur souhaite volontiers meilleure santé pour la prochaine occasion.

« A Koeatan (sur le Klein Dajak), deux malades, donc deux *docteurs*. J'ai assisté à une partie d'une consultation. Effrayant! Je vous ai déjà dit que ça commence à 8 heures du soir pour finir à 2 heures du matin.

« Je vais vous présenter le docteur : torse nu, avec un chapelet de verroterie, agrémenté de dents de cerfs, croisé sur la poitrine et dans le dos. Un sarong (jupe libre) aux magnifiques couleurs sur les jambes, et pour tenir le sarong, une large ceinture de fabrication européenne à laquelle sont cousus une quantité de petits boutons blancs formant dessins. A chaque poignet une demi-douzaine de disques de métal : c'est son instrument!

« Tout le kampong est assis les jambes croisées le long des parois de la maison, y compris le malade. Au début, le docteur est à genoux, la partie postérieure reposant sur les talons. Il tourne le dos à l'assistance; devant lui, un crachoir, une théière, un plateau avec quelques gâteaux et légumes, une cuvette d'eau. Ainsi, immobile, il récite de longues litanies monotones, qu'il interrompt par un chant, accompagné de deux tambourins, sur lesquels on frappe à coups redoublés avec de longues baguettes. Au bout d'un certain temps, le docteur se lève et commence à danser lentement, secouant les bras de façon à ce que les disques résonnent en mesure avec les tambourins. La danse s'arrête, les tambourins aussi. Les litanies recommencent, un charabia auquel personne ne comprend rien; le docteur vient, en effet, des bords du Barito et on ne connaît pas son dialecte! Les litanies cessent; la danse et la musique reprennent. La danse se complique; le docteur se retourne, fait face ici et là. De temps à autre, il porte les deux mains à ses tempes et les laisse lentement glisser jusqu'à ses genoux, comme s'il voulait, par un envoûtement, extraire le mal du corps du malade. Voilà deux heures que cela dure sans interruption. Pour ma part, je transpire furieusement, entouré de gens qui fument, mâchent le bétel et crachent dans de hauts vases de cuivre qu'on fait circuler de bouche en bouche.

« Et dire que ça continue jusqu'au matin. Si le malade n'est pas guéri, le docteur doit être bien fatigué! »

Les Bahau, qui habitent les régions baignées par le Penanei et le Kaso, placent le royaume de leurs âmes au cours supérieur de la rivière Kajan qu'ils considèrent comme leur pays d'origine. Leurs prêtres et prêtresses ne sont que des intermédiaires pour les offrandes faites aux esprits, sur une espèce d'autel.

*
* *

Il est impossible de raconter tous les us et coutumes des Dajaks.

Leurs fêtes seules démontrent l'état de leur culture basse et on peut se convaincre de l'obstacle qu'elles présentent à l'emploi de l'activité et à la prospérité de la population par l'énumération de quelques-unes :

La fête de Dewa ou fête des morts est de précepte; on passe les os des morts au Sandong (sarcophage). Elle nécessite une dépense de 800 à 1 000 florins et dure sept jours et sept nuits.

Le mariage coûte des centaines de florins.

Le Malabo Balai, fête de l'offrande aux mauvais esprits pour préserver les femmes enceintes : 30 florins.

Le Nahoenan Nakarwan, à l'occasion de la naissance d'un enfant, se célèbre sept jours après la naissance; l'enfant est sorti pour la première fois de la maison.

Le Mambadai, premier bain de l'enfant : 50 florins.

Le Belako Oendong, pour demander aux dieux la prospérité : 50 florins.

Le Belianhai, fête de reconnaissance aux Sangsangs (sorte de demi-dieux) pour les profits faits. Cette fête dure sept jours et sept nuits, quelquefois tout un mois, et ainsi les profits qui en ont été le motif y passent souvent en entier.

La fête de la récolte coûte jusqu'à 80 florins.

La fête après guérison d'une grave maladie.

Les invités sont nombreux et on abat des buffles, des cochons et des poules. Le « toewak » (alcool de riz) est bu abondamment; les Bilians (prêtresses) apportent aux fêtes de l'entrain et de la gaîté.... Des coups de fusil et de lilah (petit canon) sont tirés, tambours et gongs résonnent.

Par ces fêtes, le Dajak devient ivrogne, paresseux et joueur. Le ménage est négligé ; des femmes et des jeunes filles se lancent dans une vie d'immoralité. Des différends naissent.

Les Malais ont essayé de convertir les Dajaks à l'islamisme, mais des prosélytes qu'ils ont pu faire, beaucoup retournent au paganisme.

*
* *

La maison dajak est simple, construite en bois sur pilotis, comme les autres maisons de Bornéo, et ne comprend qu'un rez-de-chaussée. Habitée par toute la famille, elle s'allonge à chaque mariage en autant de nouveaux compartiments. Elle a une large galerie dans laquelle les Dajaks déposent leurs outils, leurs armes et les instruments de musique. A l'intérieur, ils suspendent les vêtements; des nattes en rotin ou en bambous servent de couchage; une table, des bancs.... Aux tempayangs (grandes jarres) et aux gongs en cuivre (tawak-tawak), les Dajaks attachent de la valeur pour des raisons cultuelles ou à cause de certaines marques.

Le kampong n'est ordinairement composé que de deux ou trois de ces constructions, quelquefois d'une seule. Une maison moyenne abrite une soixantaine de personnes. Sur les rivières, les kampongs sont distants l'un de l'autre d'une dizaine de kilomètres; ils s'espacent de plus en plus à mesure qu'on s'éloigne des rives.

Des colonnes en bois bariolées et surmontées de sculptures parfois immorales, indiquent l'entrée du kampong.

L'idée de propriété commune fortement ancrée dans l'esprit des Dajaks du centre et de l'est provient de leur vie généralement nomade; il est rare, en effet, qu'un kampong subsiste plus de dix ou douze ans.

Les causes de cet abandon sont diverses : spécialement, les attaques de voisins hostiles, comme en haut Barito et au Moeroeng par la tribu Pari du Koetei, dans le nord et le nord-

Dajak d'Apo Kajan avec un habit
d'écorce d'arbre.

Femmes de la rivière Kajan.

Kampong dajak.

ouest de Siang par celles des Ot et Ot Danam, tandis que le Kleine Dajak est en butte aux habitants du Barito et de Siang, etc.... Autres raisons : épidémies, manque de bois de charpente, de damar ou de rotin, stérilité des terres....

Dès que le village est abandonné, toute autre communauté est libre d'en prendre possession; cependant, les planteurs d'arbres ou plantes conservent le droit d'y retourner chaque année pour récolter les fruits. Les danaus (étangs) et les rivières riches de poissons, les bancs de sable aurifère, ne sont jamais quittés, à cause de la large source d'existence qu'ils procurent.

Celui qui trouve un tanggiran, arbre à ruches, a droit de propriété sur la cire.

Peu d'outils agricoles chez les Dajaks : le mandau (long couteau) et une hache de forme singulière.

*
* *

Le Dajak n'a qu'une femme qui lui donne peu d'enfants.

Il ne se marie jamais avec une parente rapprochée.

Il offre volontiers à l'étranger une de ses cases. Paresseux, il est malpropre et souvent atteint de la gale.

Chasseur intrépide, il s'arme d'un bouclier et d'une lance creuse dont la lame est attenante, ficelée avec du rotin, dans la position d'une baïonnette au canon d'un fusil. La lance contient une fléchette de palmier empoisonnée, soutenue par une boule de coton; lorsqu'il aperçoit un oiseau, le Dajak souffle du bout de la lance avec une telle dextérité que bien rarement la fléchette manque son but.

Il pêche à la ligne et au filet.

L'homme comme la femme sont revêtus uniquement d'un pagne ou d'un pantalon, le plus souvent d'écorce battue (foeja), quelquefois d'étoffe. Pour les travaux des champs et les jours de fête, ils portent une veste ou une camisole. Ils sont parés de colliers et ont les bras et les jambes entourés de nombreux bracelets de rotin et de cuivre. Les hommes piquent de plumes leurs cheveux et on en voit aussi avec des colliers faits de dents d'animaux.

Les enfants vont presque nus.

Les Dajaks tiennent à avoir le lobe de l'oreille très allongé. A cet effet, ils pendent des anneaux en métal lourd à un trou du lobe et celui-ci descend quelquefois jusqu'à l'épaule et la poitrine.

Les femmes se font tatouer des dessins compliqués sur les bras et les mains, ainsi que sur les jambes. Les hommes eux ne sont que peu tatoués sur la poitrine et les bras de têtes d'animaux.

Le tatouage est exercé par quelques personnes très habiles, désignées par les chefs. Un épanchement du sang ne devant pas survenir, elles se servent d'un petit couteau pourvu à la pointe d'une traverse pour marquer la profondeur de l'entaille. Les piqûres sont d'abord frottées avec une étoffe noire saupoudrée de fumée de résine, et ensuite avec de la graisse de porc.

Pour les hommes comme pour les femmes, le tatouage commence au temps de la puberté. Celui des femmes est une mode; il ne peut être appliqué aux hommes qu'après l'accomplissement de certains actes, généralement d'expéditions importantes.

Dans les tribus des Longglat, des Kajan et des Penihing, ils se scient les dents incisives.

Les Dajaks sont des cultivateurs paisibles, qui ne désirent rien de plus que de mener une vie tranquille. « Mais, dit le Dr Nieuwenhuis, comme tous les êtres peu développés, ils se sentent vis-à-vis de personnes étrangères, peu à leur aise. Depuis les temps les plus reculés, la guerre consistant à surprendre les Dajaks d'une façon que nous pourrions taxer de lâche, ceux-ci ont, avec le lait maternel, sucé la méfiance. On a donc besoin de vivre assez longtemps avec eux avant de percer l'extérieur étrange qui recouvre leur société et surtout leur individualité; et dans une tentative de ce genre, on ne réussira que si on peut leur prouver, par l'intérêt qu'on témoigne dans leurs besoins, que le but n'est pas d'en tirer un profit immédiat, et on doit prendre soin de faire, le moins possible, violence à leurs sentiments et à leurs convictions. La cupidité des Kajan du Mendalam, tribu très curieuse et qui ne devait pas être bien connue, se manifeste dans la manie, innocente il est vrai, mais très ennuyeuse, de mendier ; ce qui faisait que jeunes et vieux, gens de rang supérieur et inférieur, essayaient du matin au soir d'obtenir de moi une chose ou une autre. Par contre, ils n'ont pas manifesté la moindre inclination au vol et, durant mon séjour de sept semaines parmi eux, pas un seul vol n'a été commis, quoique ma cabane restât ouverte et accessible à tout le monde, nuit et jour, que j'y fusse ou non. »

Et M. le Dr Nieuwenhuis affirme que : « sous le rapport des mœurs et des coutumes, les Bahau présentent des différences tranchées avec les tribus dajaks sur le Barito et le Kapoeas. Ils s'abstiennent de boissons alcooliques. Rien qui ressemble au relâchement des liens du mariage, chose dont on accuse les Dajaks du Barito ; l'infidélité est sévèrement punie. Leur teint est plus clair, leur visage plus rond et leurs yeux moins fendus. Vis-à-vis des Européens, ils sont moins soumis, ils ont davantage le sentiment de leur propre valeur et se montrent moins obséquieux lorsqu'ils leur offrent l'hospitalité. Tandis que l'appui du chef est absolument nécessaire pour faire exécuter un travail et que la plupart des Bahau, en voyage, lui obéissent en tout, on est néanmoins obligé de discuter directement, pour beaucoup de choses, avec les intéressés eux-mêmes ; car le chef n'a dans aucune des tribus bahau assez de pouvoir pour commander et, comme il existe peu de moyens de contrainte, chaque mesure doit être mise à exécution d'accord avec les habitants du kampong. »

Dans certaines régions, le Dajak traite l'Européen comme son égal, sans, toutefois, qu'on puisse relever un sentiment de dédain dans cette attitude.

La photographie inspire aux Dajaks la plus grande terreur. Ils craignent que les âmes ne soient mises en fuite par l'empreinte et que celles-ci suivant la photographie ne viennent au pouvoir du photographe.

Ils perdent beaucoup de temps par leur foi dans les présages. Ils ne commencent aucun travail, ils n'accomplissent aucun voyage, sans consulter certains oiseaux ou serpents d'augure. Un oiseau, remue-t-il ou s'envole-t-il à gauche, là est un signe que le Dajak ne doit entreprendre quoi que ce soit! Quand il aperçoit l'oiseau à droite, le signe est favorable.

*
* *

Les Dajaks déposent les corps de leurs morts dans un cercueil ouvert et ce n'est que lorsque les chairs ont disparu qu'ils les descendent dans la tombe de famille laquelle est ornée de colonnes en bois bigarrées, au haut desquelles sont sculptées les têtes des parents et aussi celles... de leurs victimes. Certains renferment le corps dans le tronc d'un arbre, en rabattant l'écorce par-dessus; d'autres encore, après avoir laissé le cadavre dans un cercueil entr'ouvert au milieu de la forêt, et que les bêtes ont dévoré, en rapportent les ossements à leur maison où ils sont conservés dans un tonneau rempli d'alcool ou dans un coffret en bois.

*
* *

Les femmes, spécialement, travaillent admirablement le rotin dont elles font toute espèce d'objets, paniers, nattes, etc.... Du rotin, les Dajaks tirent aussi de la teinture qui forme une couche gluante sur les fruits.

On trouve encore chez les tribus du centre quelques industries qu'ont fait disparaître ailleurs les marchands malais. Les Penihing et les Kajan tissent certains vêtements. Parmi les objets que les prêtresses des Kajan fabriquent pour leur culte, on découvre les traces d'un ancien art de potier; dans les pays d'Apo Kajan, cet art est en pleine prospérité.

Quand aux besoins de la vie, on peut dire que la culture du riz est le soin principal des Dajaks. Près du kampong, ils ont du maïs, des bananes et des légumes, et élèvent souvent des poules et des cochons. Ils vendent les produits des forêts et avec le damar ils font des torches pour l'éclairage.

Pour cultiver le riz, ils abattent une partie d'une forêt qu'ils brûlent et dont les cendres fertilisent la terre; après la récolte, le même procédé est employé dans une autre partie de cette forêt. Le reboisement accompli, ils reviennent sur les points boisés recommencer l'opération.

Les marchands chinois remontent les rivières en barque
et les Dajaks viennent sur les bords acheter.

On m'a raconté, lors de mon voyage à Negara, qu'au temps
où les Dajaks n'étaient là pas encore soumis, ces derniers,
était-ce par peur de l'étranger ou par sauvagerie, faisaient les
échanges en déposant les produits sur le pas de leur porte :
le marchand prenait ceux qui lui convenaient et les remplaçait
par sa marchandise. On ne se voyait pas!...

*
* *

On a avancé que le Dajak est anthropophage ; je ne le crois
pas, et, d'ailleurs, on n'en a jamais eu la preuve.

Ce qui paraît avoir donné naissance à cette accusation est
la coutume, non moins barbare, du *coupage des têtes*. Ce
crime est maintenant poursuivi par les autorités hollandaises
et on assure que la coutume disparaît. « Mais, me disait à
Bornéo un juge malais qui les avait bien connus, si on ne
les tenait pas, ils recommenceraient! » On lira dans les notes
de M. Lallement, la confirmation de cette conviction : « ... Ces
danses vont durer au moins trois jours, et finiront, comme
apothéose, dans le sacrifice d'un buffle. Ne pouvant plus sacrifier un homme, les Dajaks se contentent d'un animal ; ils vous
disent cela très simplement! »

Toutefois, la méthode survit. Dans les rixes ou par ven-
geance, le Dajak n'hésite pas à couper la tête de son adversaire.

La chasse aux têtes est un acte rituel. L'âme par la tête du
corps protège l'individu ou le village. Aussi, s'il craint un
malheur, le Dajak va vers la tribu voisine et coupe la tête du
premier venu. Si le chef du kampong est malade, c'est une
bande qui part à la chasse et qui cherchera à rapporter une
ou même plusieurs têtes.

C'est-à-dire que pour éviter un malheur chez lui, le Dajak
le porte chez les autres!...

La tête est reçue avec des applaudissements, par les femmes,
et les hommes qui sont restés au village. Une femme s'en
empare et aussitôt commence une danse qu'accompagnent les

chants des autres femmes. Elle est ainsi portée chez le chef de famille ou le chef du kampong.

La danse reprend le lendemain et le surlendemain, et finalement la tête, desséchée et nettoyée, est déposée, à côté d'autres, peut-être, sur une étagère où elle est conservée pieusement.

Le chef vient-il à mourir, que toute la famille ou le kampong prend le deuil. Il n'est pas permis durant les deuils de porter des bijoux brillants; mais il faut une tête, des têtes, pour sortir du deuil. On va les chercher!...

Et, dans l'autre monde, celui qui a eu la tête tranchée sera l'esclave du chef....

Naturellement, chaque kampong est perpétuellement en garde. Aussi, le Dajak qui a coupé une tête est un héros et les jeunes filles admirent d'autant celui qui a à son actif plusieurs têtes. Le vainqueur ne pend-il pas à son kris (long poignard) les cheveux de chacune de ses victimes?

Lorsqu'un Dajak plante le pilori central d'une nouvelle maison, il place sous ce pilori, pour la préserver de la mauvaise fortune, un esclave qui est complètement écrasé.

CHAPITRE II

BORNÉO OUEST

---

1. Superficie. Statistique de la population. — Bornéo Ouest a une superficie de 144 685 kilomètres carrés, avec une population de 593 951 habitants se répartissant ainsi :

Européens 731, Chinois 68 499, autres Orientaux étrangers 1 212, Malais 229 492 et Dajaks 294 017.

Il est certain qu'en raison de la faible densité de cette population, pour la plus grande partie paresseuse, le pays ne peut prendre du développement que si on y introduit des coolies de Java.

2. Administration. — La résidence de Bornéo Ouest comprend dix-sept régions jouissant d'une certaine autonomie : Sambas, Mampawa, Pontianak, Koeboe, Landak, Tajan, Sanggau, Sekadau, Soekadana, Simpang, Matan, Sintang, Silat, Soehaid, Salimbau, Piasa et Djongkong.

Les contrées de la résidence n'appartenant pas à ces régions sont administrées directement. Elles consistent des anciens territoires des « Dajaks indépendants », à l'amont de Smitau et dans la contrée de Seberoeang, et entre Smitau et Sintang, à l'est du Kapoeas, et de différentes tribus du Kapoeas : Boenoet, Meliau et Empanang, ainsi que des pays Pinohlanden.

Les Européens, Chinois et autres Orientaux étrangers, dépendent, quel que soit leur domicile, de l'autorité du Gouvernement, ainsi que les indigènes originaires d'un autre pays. Donc, se gouvernent eux-mêmes exclusivement des Dajaks et des Malais originaires de Bornéo.

L'administration indigène est confiée à des chefs de région (Panembahan, Pangeran, Sjarif) ou des princes (sultans de Pontianak et de Sambas), ordinairement par droit de succession.

Chaque kampong dajak a un chef choisi par la population qui porte le titre de lang, matjang, matjang-lajang, matjang-pintoe, singa, singa-moeda, lajang-moeda, etc.... Les subalternes prennent celui de patih.

La tribu n'a pas de chef commun, et ceux de kampong sont en rapport direct avec celui de la région.

Les chefs de kampong règlent les affaires peu conséquentes, mais celles d'une certaine importance, comme les différends entre tribus, doivent être arrangées par l'administration de la région.

Les Malais sont soumis à un chef de kampong, et celui-ci, quelquefois, au petinggi d'une réunion de kampongs, tous deux élus et dépendant d'un chef de district.

Les chefs chinois (kapitans, laothays et kaptjongs) ainsi que des autres Orientaux étrangers et des indigènes sous l'autorité du Gouvernement, sont nommés et révoqués par le Résident et obéissent à un fonctionnaire hollandais.

*
* *

En 1844, le Gouvernement limite le pouvoir des Chinois, mais l'administration n'est pas réelle encore.

La période active commence en Bornéo Ouest en 1909; depuis 1904, à beaucoup de points de vue, on pouvait constater une immixtion des fonctionnaires toujours plus grande, surtout politique et fiscale. On était cependant parvenu, entre 1860 et 1870, à supprimer le brigandage des Malais, et la dernière des puissantes républiques chinoises : Lan Fong de Mandor avait été dissoute en 1884. On mettait fin à la

Funérailles d'un Dajak.

Dajak d'Apo Kajan.

piraterie, au coupage des têtes, à l'esclavage et aux incursions de pillage des Dajaks de Batang-Loepar. La domination hollandaise se répandait à l'amont du Kapoeas et au Melawi et les *autonomies* furent imposées d'une façon péremptoire.

Ce changement n'a pas été sans éveiller de temps à autre de l'opposition. En 1912, les Malais, et les Dajaks même entraînés par ces derniers, se révoltèrent, et les Chinois, à l'esprit nationaliste, en 1914; mais la résistance ne dura pas longtemps.

*
* *

L'organisation administrative de Bornéo Ouest a tenu compte non seulement du caractère politique mais aussi des conditions d'étendue et d'importance du pays.

La résidence forme quatre divisions :

I. Singkawang, chef-lieu Singkawang, comporte les subdivisions de : Sinkawang, Pamangkat, Bengkajang, Sambas, Mampawa; à cette dernière a été rattaché, en raison de sa population chinoise, le district de Mandor qui se trouve dans la région de Pontianak, afin de placer tous les districts chinois sous une même administration.

II. Pontianak, chef-lieu Pontianak, comporte les subdivisions de : Pontianak, Landak, Sanggau et Sekadau.

III. Ketapang, chef-lieu Ketapang, comporte les subdivisions de : Beneden-Matan, Boven-Matan et Soekadana.

IV. Sintang, chef-lieu Sintang, comporte les subdivisions de : Sintang, Melawi, Smitau, Boven-Kapoeas et Pinohlanden.

La division a à sa tête un assistant-résident et la subdivision un contrôleur.

Le siège de la résidence est à Pontianak, qui compte 20 984 habitants, dont 150 Européens.

3. Les écoles. — Pontianak a une école primaire pour les Européens.

En 1918, on comptait 17 écoles primaires du Gouvernement pour les indigènes, dans les localités principales, et des écoles élémentaires dans l'intérieur. Une mission catholique a ouvert 11 établissements.

Les Chinois, de leur côté, ont fondé 78 écoles chinoises et une hollandaise-chinoise.

A Sambas, une école a été créée par le Gouvernement pour les fils d'indigènes de classe supérieure.

4. Populations malaise et étrangère orientale. — Dans Bornéo Ouest on entend par Malais tous les indigènes qui sont mahométans. Ce groupe comprend les originaires des îles et côtes environnantes.

Leurs demeures s'étendent loin à l'intérieur, sur les rivières coulant dans les plaines.

Les Malais d'origine de Djohore (Malacca) ont imprégné de leur cachet le groupe. Langue, façon de vivre et organisation politique, sont malaises, bien que pour la langue, notamment à Ketapang, on relève l'influence javanaise.

Les Malais forment la race dominante, à laquelle appartinrent les familles princières, sans être elles-mêmes toujours de pur sang.

Inertes, convoiteurs, dissimulateurs et présomptueux, les Malais des classes faisant soi-disant le commerce dédaignaient les Dajaks qu'ils asservissaient. Mais ceux qui s'occupaient, le long des rivières, de l'agriculture, dédaignés aussi, et qui formaient un élément tranquille et laborieux, participant aujourd'hui avec zèle au défrichement du pays, traitaient les Dajaks sur un pied d'égalité.

Toute distinction a disparu et en certains endroits, comme dans le Landak, les Malais vivent côte à côte.

Les agriculteurs, éparpillés, se réunissent de plus en plus dans des hameaux à habitations convenables.

Ils font, en général, la culture du riz sur les terrains humides, mais ils ont aussi de grandes plantations de cocos, de palmiers à sagou, de caoutchouc et de pinang.

Les Malais servent d'intermédiaires pour le commerce avec les Dajaks et achètent les produits de leurs forêts.

*
* *

Les Bouguis tiennent une place à part parmi les individus dénommés Malais.

Ils habitent principalement à Mampawa et Koeala-Kakap et entretiennent des relations régulières avec leur patrie, les îles Célèbes, spécialement les régions de Wadjo et Mandar ; de ce fait, ils ont conservé beaucoup de leur propre caractère.

Les Bouguis de par leur nature sont commerçants. Ils arrivent vite à une situation aisée et restent sobres, économes et laborieux. Ils s'occupent aussi d'agriculture et de pêche ; déjà, en 1850, ils commençaient à Koeala-Kakap et Soenggei-Itik la culture du coco.

*
* *

Les Arabes jouissaient dans tout le Bornéo Ouest et notamment à Pontianak, où le sultan est d'origine arabe, d'une considération grande.

Durant les derniers siècles, ils se sont tant mélangés avec les autres races que la différence avec celles-ci a pour beaucoup disparu.

L'Arabe est tranquille et possède généralement une position prospère. Commerçant, il est aussi propriétaire de terres.

Une situation semblable se présente pour les Hindous.

*
* *

On doit surtout aux Chinois, bien que ne formant qu'environ le neuvième de la population, le développement du pays Ouest. Par leur intelligence, leur travail et le sens pratique des affaires, ils ont conquis la première place.

Les républiques chinoises sont dissoutes, mais le désir profond des Chinois va toujours à la communauté qui, en Chine, représente la pierre angulaire de l'État. Les preuves s'en révèlent constamment par leur caractère tapageur et leur amour de la politique.

Les Chinois se sont établis principalement à Pontianak et

dans les subdivisions de Mampawa, Singkawang, Pamangkat, Sambas et Landak, quoiqu'ils soient répandus sur toute la résidence. On trouve des établissements chinois importants à Tajan, Sanggau, Sekadau et Sintang.

Ils pratiquent le commerce, le gros commerce comme celui de détail, sont les principaux importateurs et exportateurs et aussi artisans.

La plus grande partie des petits vapeurs naviguant sur le Kapoeas, ainsi que le long de la côte leur appartiennent et ils entretiennent un service de navigation avec Singapore.

Les Chinois de Pontianak possèdent la plupart des plantations de caoutchouc, de gambier et de poivre le long du Kapoeas et dans les districts chinois, ou en sont les bailleurs de fonds.

Dans les régions indiquées comme les endroits où ils se sont installés, une classe d'agriculteurs aisés font la culture du coco, de gambier, de poivre et de caoutchouc, à côté de celle du riz.

Les capitalistes chinois ont les affaires de crédit pour la plus grande partie entre leurs mains, mais leurs pratiques présentent souvent un obstacle au progrès économique et ne visent que leurs propres intérêts. Aussi, le Gouvernement fonda-t-il, en 1917, une banque de crédit populaire à Pontianak.

Enfin, ils favorisent le développement intellectuel de leurs enfants par la fondation de nombreuses écoles où, en enseignant la lecture, l'écriture et les mathématiques, on initie à la science commerciale et agricole.

5. Le climat. — La température variable, surtout près de la côte, qui se manifeste par de grandes pluies et du vent, a valu à Bornéo Ouest la réputation de posséder un climat dangereux.

C'est une déduction tirée par les voyageurs, mais les personnes depuis longtemps dans le pays et qui prennent certaines précautions estiment le climat comme assez frais.

Le thermomètre sur la côte va de 22°,3 à 31°,6 et il en est de même dans les terres basses de l'intérieur.

Dajak de la rivière Kajan en costume de guerre.

La température des régions élevées peut se calculer par — 0°,6 sur 100 mètres d'altitude.

L'atmosphère est toujours humide, à cause, principalement, de la végétation touffue. La brume couvre souvent les grandes rivières la nuit et le matin. La pluie tombe presque toute l'année ; le mois de décembre est celui qui a les plus fortes pluies et c'est le mois de juillet qui est le moins pluvieux.

Il n'y a presque pas de puits sur la côte et on doit boire de l'eau de pluie et des cours d'eau. De juin à août les vents nord-ouest poussent l'eau de la mer assez profondément dans les rivières et l'on est alors obligé de se servir de l'eau des affluents.

Les maladies sont généralement, par suite de l'humidité, catharrales et rhumatismales. A l'intérieur, les terrains marécageux occasionnent des fièvres intermittentes qui prennent parfois un caractère épidémique.

6. Vue d'ensemble. — Quand on suit la côte du sud au nord, on peut remarquer que beaucoup de contrées sont défrichées.

A l'intérieur, on cultive de plus en plus.

Tandis que le long des côtes, plus particulièrement de la région de Koeala-Kakap jusqu'à la rivière de Sambas, l'entrée de l'intérieur est facilitée par des routes et des sentiers, à l'intérieur même les moyens de communication ne sont représentés que par les rivières utilisées, d'ailleurs, sur presque tout leur parcours.

L'agriculture a pris une grande extension surtout le long des importantes rivières : Kapoeas et Melawi. Il est à douter, cependant, qu'elle s'étende loin des rives, parce qu'on ne peut pas se servir des affluents, peu conséquents.

Le Kapoeas baigne les deux tiers de la Résidence ouest, principalement de vastes plaines qui pénètrent très avant dans le pays.

Les rives du bras nord de son delta, depuis l'embouchure jusqu'à Soekalanting, et celles du Kapoeas lui-même, de Tajan au delà de Sintang, sont habitées et défrichées, mais dans le reste des plaines ainsi que sur les montagnes et collines, le plus souvent couvertes de forêts, il n'y a qu'une faible population, avec des demeures éparpillées.

Les établissements les plus importants le long de la rivière sont : Tajan, Meliau, Sanggau, Sekadau, Soenggei-Aja, Sepaoek, Blitang, Tempoenak et Sintang, et à l'amont : Silat, Smitau, Salimbau, Boenoët et Poetoes-Sibau.

Sur le Melawi : Nanga-Pinoh et Nanga-Serawai.

Les pays de la côte le plus au sud et ceux du long des rivières de Simpang, Pawan, Kendawangan et Djelai, continuent à se défricher, mais la région élevée, à l'est, l'est encore peu.

Quoique les temps secs et pleins de soleil ne soient pas rares, la brume et la pluie sont le caractère de l'intérieur de Bornéo, où il tombe en moyenne 3 mètres d'eau par an, ordinairement le soir et durant la nuit. De ce fait, les voyages par les rivières deviennent d'une grande gêne et les parcours à pied pénibles sur un sol toujours glissant.

On trouve dans la région comprise entre la rivière de Kapoeas et la rivière de Sambas, un système de basses montagnes et de collines dont les contreforts viennent jusque près de la côte. Des plaines alluviales longent les rivières de Sambas, Sebangkau, Selakau, Mampawa et Kapoeas-Ketjil, mais la plupart sont desséchées. Le littoral, excepté de petites zones de forêts, est maintenant cultivé et d'une densité de population assez forte; là, la circulation ne profite guère des rivières peu importantes d'ailleurs, leur embouchure ensablée empêchant la grande navigation et, seules, les rivières de Selakau et Sebangkau peuvent être remontées sur une certaine distance par de petites embarcations.

L'insuffisance des voies d'eau et la nécessité de communiquer avec les ports de Pontianak, de Singkawang et de Pamangkat, en particulier, forcent à la construction de voies terrestres.

A des sentiers d'une signification toute locale, on a substitué de larges chemins, dont le nombre ne fait que croître, et, à côté de Pontianak, se sont développés d'autres centres de commerce, comme Koeala-Kakap, Djoengkat, Mampawa, Soenggei-Raja, Singkawang, Sambas.

Cette région a une histoire particulière par suite d'immigrations de Chinois sur une grande échelle. Les Chinois étaient attirés par la perspective de larges profits à obtenir des mines d'or; fin du XVIII° siècle et commencement du XIX°, l'exploitation des mines était florissante. Durant cette période, les Chinois fondèrent Montrado, Mandor, Bengkajang, Loemar, Sepang, Seminis, Ledo, Sibale, Tjapkala, Sangking, Senaman, Sentoelangan, Boedoek, Perigi, Temoe, Sakoel, Toenang, Sebalau, Saloon, Melassan, Salinse et Teberan. Tous ces endroits étaient situés dans la partie montagneuse. A la côte, on ne trouvait que des populations malaises, commerçantes et cultivatrices, formant principautés.

L'épuisement des mines a fait descendre les Chinois vers la mer. Beaucoup cependant abandonnaient le pays. Plus tard, les Chinois se dirigèrent profondément dans les vallées.

Cette situation a mené à la révolution des conditions d'existence dans les districts chinois, dont les conséquences ne se font sentir pleinement qu'aujourd'hui.

L'activité se tourne vers la nature. Montrado commence à cultiver le caoutchouc. Les forêts de la côte et le long de la plupart des rivières font place à l'exploitation agricole qui s'étend de plus en plus vers l'intérieur et atteint maintenant le bord des collines et des montagnes. La construction ou l'amélioration des chemins de la côte et de Soenggei-Penjoe à Karangan, de Mampawa à Sangking, de Singkawang à Bengkajang, et de Pamangkat à Sambas, fit transformer en plantations de cocos des zones de forêts de quatre à cinq kilomètres de profondeur. Le commerce a pris de la vie, surtout à Singkawang, Pamangkat, Sambas, Mampawa et Soenggei-Penjoe.

C'est dans cette partie de l'ouest de Bornéo que le réveil a été le plus rapide. Poussé par les bénéfices rapportés par le coprah, on a vite utilisé toutes les terres qui sont disposées pour la culture du coco, mais à côté, en prospèrent d'autres, comme le caoutchouc; gambier, poivre, sagou et pinang; les Malais, eux aussi, se sont livrés à ces produits, et on a remarqué récemment que les Dajaks montrent un plus grand intérêt aux travaux des champs.

La culture se répand le long du Kapoeas, dans le Ketapang et au nord de la rivière de Sambas.

Les richesses minières étaient plutôt cause de guerres, de destructions, et même de famine, le Dajak, en particulier celui du Landak, participant à l'exploitation de l'or et du diamant et négligeant l'agriculture.

7. Les plaines et les hauteurs. — Le pays se divise en plaines et en collines, mais dans la partie sud-est de la région de Sambas et le long de l'amont du Kapoeas et du Melawi, il y a des montagnes d'une grande étendue dont l'altitude ne dépasse pas 2 278 mètres.

*
* *

La côte, qui s'accroît par l'ensablement, est une plaine mesurant 100 kilomètres dans sa plus grande largeur; sur quelques endroits, toutefois, on rencontre des terrains montueux.

Elle est, en dehors des terres défrichées, occupée par des forêts à bonnes espèces de bois et plantes riches d'essences et de colorants, et formée de tourbe et d'argile.

Les terres de tourbe sont favorables pour le riz, le maïs et la canne à sucre; bien drainées, on peut y planter le coco, le caoutchouc, le pinang, le café, les arbres fruitiers. Aux crues, ces plantations sont inondées, mais ordinairement pas assez longtemps pour nuire.

Les terres d'argile se trouvent surtout de Soenggei-Poeroen à la rivière de Sambas.

La principale plaine de l'intérieur est la plaine de Boven-Kapoeas (Haut Kapoeas), d'une largeur de 54 kilomètres et d'une profondeur de 134, avec une superficie de 6 855 kilomètres carrés. De nature alluviale, occupée par des forêts, elle n'est presque pas habitée, et quand le Kapoeas grossit, elle se transforme en mare.

Les plaines au bas cours du Ketoengan sont aussi marécageuses et souvent inondées. L'habitation et la culture n'y paraissent cependant pas exclues, en raison, de-ci, de-là, de

Dajak de l'Apo Kajan en costume de guerre.

IMP. CATALA FRÈRES, PARIS

certains terrains élevés. La population risque, comme d'ailleurs dans la plaine de Boven-Kapoeas, la culture du riz.

Des plaines alluviales s'étendent plus à l'aval de la rivière de Kapoeas.

De Tajan jusqu'à l'amont de Sintang, le sol contient des bancs argileux et on trouve de la houille dans cette contrée.

Une grande partie de la résidence est formée de collines. Ces collines, en général très accidentées, ne dépassent pas 100 mètres.

Le pays montueux est coupé de larges vallées.

Les collines comme les montagnes, couvertes en grande partie de forêts, contiennent une couche d'humus et le sol est d'argile, quelquefois de granit et d'ardoise.

*
* *

Le système des montagnes du sud, dans les régions de Ketapang et de Pinohlanden, se prolonge à l'est par les montagnes de Schwaner. Ces dernières montrent un terrain rude et sauvage.

La région du Pinohlanden et la partie des montagnes de Ketapang sont encore peu défrichées et peu habitées.

Il y a, en ce moment, des signes d'activité pour la culture du coco et du caoutchouc surtout.

Les montagnes de Madi vont depuis la frontière de la Résidence sud et est jusque près de Sintang sur une distance de 200 kilomètres. Au nord de l'amont du Melawi, elles forment un plateau de marais et de tourbière : le « Madiplateau »; au delà, du confluent du Melawi avec le Gilang, le pays est boisé et très peu accessible.

Celles plus au sud, à travers lesquelles coule l'Ambalau, sont habitées. Par la vallée de cette rivière, qui est la seule voie de communication importante entre la résidence ouest et la résidence sud et est, on pense construire un chemin de fer.

Le long du Melawi, à l'aval de Nanga Kemangai, s'étend un pays montueux avec des champs cultivés et assez de population.

La vallée du Melawi ne semble pas présenter d'obstacle à la construction de chemins et de voies ferrées.

Peu de circulation par terre entre la vallée du Melawi et celle du haut Kapoeas; on se sert de préférence des cours d'eau.

Les montagnes de Muller, d'essence volcanique, partent de la chaîne de Madi et atteignent la frontière anglaise du Serawak. La partie ouest est un plateau de tuf.

La contrée entre Poetoes Sibau et les limites de la résidence sud et est, est presque inhabitée.

Les montagnes frontières de Serawak, dénommées Boven-Kapoeasgebergte, forment une chaîne ramifiée, couverte de forêts, et le Kapoeas et l'Embaloe y prennent leur source. Elles sont inaccessibles et pas habitées.

La prolongation ouest de cette chaîne, du Boekit [1] Kalimanten au Goenoeng [2] Nahi, n'est pas aussi haute que la partie est. Un sentier facile fait communiquer Nanga Badau avec Loeboek Antoe dans le Serawak.

A Nanga Badau, la région est peu élevée; elle se transforme, vers le sud, en une plaine parsemée de lacs.

Les montagnes à l'ouest du Goenoeng Nahi sont formées de grès. A la source de la rivière de Sekajan, plusieurs bons sentiers mènent au chef-lieu Serawak, représentant la communication la plus courte entre Pontianak et ce dernier endroit.

Une large zone de granit va de Tajan au nord-ouest jusqu'à Sinkawang; une seconde, vers le nord entre les rivières de Landak et de Tajan. C'est le système, en forme de fourchette, des monts de Landak et Sambas, coupés de vallées accessibles, à travers lesquelles coulent les rivières de Sedau, Raja, Pangkalan, Doeri, Mampawa, Sepata, Senga et Menjoeke. Dans ce pays, l'agriculture prend une extension particulière.

Une vive circulation existe entre le Landak et la contrée de Batang-Tarang, très peuplée, où on voit beaucoup de cultures. La partie nord de la zone entre le Landak et le Tajan

1. Coteau.
2. Montagne.

jusqu'à la frontière du Serawak contient un assez grand nombre d'habitants.

Dans l'est de la subdivision de Sambas, les montagnes de Bajang montrent les sommets de Goenoeng Nioet et de Goenoeng Seraoeng.

8. Les cours d'eau. — Dans le vaste Bornéo Ouest avec sa faible et éparpillée population, les communications se font surtout par les rivières.

Celles-ci sont d'une si grande signification, qu'elles ont influencé dans les divisions politiques et administratives.

La navigation n'est pas sans inconvénients. Aux bas niveaux, on doit porter attention aux gués, bancs et rocs ; durant la hausse des eaux, la force du courant devient un gros danger, même pour les vapeurs. Les cataractes, d'autre part, forcent au transport des bateaux et du chargement par terre, jusqu'à un point où la rivière est de nouveau navigable ; naturellement, les navires à vapeur s'arrêtent aux cataractes qui sont ainsi un obstacle au développement du pays.

Outre presque toutes les petites rivières, qui ne peuvent être remontées que jusqu'à leur centre, des rivières comme le Landak, le Pinoh et le Pawan, présentent les mêmes inconvénients.

Sur le Kapoeas, on se sert de chalands tirés par des remorqueurs. Sur la rivière de Sambas naviguent les grands vapeurs jusqu'à Sambas même. Les autres grandes rivières ne peuvent pas être remontées par les bateaux à vapeur, excepté le Paloh, où il n'existe, d'ailleurs, pas beaucoup de mouvement.

Sur les affluents, on emploie uniquement les prauws (barques à rames).

Dans la partie nord, le trafic près de la côte, sur les cours d'eau importants, se fait comme au Kapoeas avec des remorqueurs et, par les chemins nouveaux construits à l'intérieur, ce trafic est conséquent.

9. Les chemins. — En 1913, le Gouvernement a commencé à construire un système de chemins pour faire communiquer Pontianak avec Mampawa (67 km.), Sinkawang (142 km.) et Pamangkat (172 km.), de Pontianak à Koeala-Kakap, de

Pamangkat à Sambas, de Singkawang à Bengkajang, de Bengkajang à Sebalau, de Bengkajang à Loemar et Ledo, de Soenggei-Penjoe à Karangan et de Mampawa à Sangking. Des chemins ont été aussi établis le long du Kapoeas-Ketjil.

Sur ces voies, de 6 à 8 mètres de large, une auto légère peut circuler.

Il y a à l'intérieur peu de sentiers; des projets prévoient l'établissement de chemins.

La construction d'une ligne de tramways est à l'étude; cette ligne ira de Pontianak, en suivant la côte, jusqu'à Pamangkat, et de là à Sambas.

10. Les ports. — Bornéo n'a pas beaucoup de côtes entre-coupées. Dans l'ouest, à cause des bancs de sable et de boue à l'embouchure de la plupart des rivières, il n'a pu se déve-lopper que trois ports naturels d'une certaine importance :

Pontianak, sur la rivière Kapoeas-Ketjil;

Pamangkat, à l'embouchure du Sambas;

Sambas, sur la rivière Sambas.

Un quatrième endroit pour le commerce d'outre-mer est Singkawang, mais il n'y a pas là de port et les navires jettent l'ancre à sept kilomètres du rivage.

Selakau est aussi un point d'exportation.

La branche nord du delta du Kapoeas est navigable; elle conserve le nom de Kapoeas, mais à l'aval de Soekalanting elle prend celui de Kapoeas-Ketjil. A Pontianak la largeur est de 400 mètres, à Batoelajang de 1 000 mètres, à Poeloe-Baroe de 1 200 mètres et à Djoengkat de 4 000 mètres. Entre Poeloe-Baroe et la mer se trouvent quelques îles. La route de la navigation suit le nord de celles-ci, sur une largeur de 800 mètres. La plus grande masse d'eau est le Poengoer-Besar qui se sépare du Kapoeas à Soekalanting et aboutit, au sud de Koeala-Kakap, avec quatre embouchures. Mais celles-ci sont tellement obstruées par les bancs de sable, qu'on ne peut les passer qu'avec des prauws. Un bras, le Koeboe, permet une commu-nication avec la mer, pour les vapeurs. Le Koeboe a 4 à 5 brasses de profondeur et son embouchure est un banc de boue qui ne constitue pas un obstacle aux navires jaugeant dix pieds.

La baie de Padangtikar, dans laquelle se jette le Koeboe, accessible aux navires de fort tonnage jusqu'à l'îlot Telok-Aer, pourrait être utilisée par la navigation transocéanique.

A Pamangkat, le Sambas a 1 300 mètres de large : un banc de boue n'entrave pas sérieusement la navigation. Les vapeurs ancrent à 1 kilomètre du rivage, à cause d'un autre grand banc. Pamangkat, aujourd'hui port de peu de signification, deviendra d'une importance réelle si on y apporte des améliorations et pourra être, en même temps, l'avant-port de Singkawang où la rade est peu sûre.

Les grands vapeurs remontent le Sambas jusqu'à Kartasia. Le Sambas, de 60 à 100 mètres de large, est au début très sinueux, de sorte que les navires ne doivent pas dépasser 80 mètres de long. Ceux de 12 pieds arrivent jusqu'à Sambas, où des bateaux de 60 mètres peuvent se mouvoir.

11. La pêche. — Toutes les rivières contiennent beaucoup de poissons ; les lacs plus encore.

Les côtes, principalement celle du district de Paloh et la baie de Sedau (Singkawang) sont connues pour leur richesse en poissons, et, à l'embouchure des grands cours d'eau, la pêche a été toujours lucrative.

On trouve quelques huîtres perlières.

12. Les mines. — L'exploitation des mines d'or, d'une signification dominante, ainsi qu'il a été dit, dans l'histoire de Bornéo Ouest, n'existe presque plus, à cause de leur épuisement par les Chinois et les indigènes.

Il y a encore des lavages de l'or, faits par les femmes et les enfants surtout dans les rivières de Silat et d'Embaoe ; la production est minime. La contrée de Belentian, dans le Landak, est connue comme la plus riche.

Des recherches géologiques ont montré l'existence de plusieurs sortes de minerais précieux dans les couches superficielles, mais relativement faibles en quantité. On pense qu'on peut trouver des minerais dans les régions de Sambas, de

Singkawang, de Mampawa, de Pontianak et de Landak, et du pétrole en Sambas et Landak.

L'exploitation du diamant est dans la même situation que celle de l'or, et ne dépasse pas, comme valeur, 15000 florins par an.

Aux basses eaux, des centaines de personnes plongent dans la rivière de Landak, un peu en aval des cataractes, pour chercher le diamant, principalement entre Moengo et Taoe.

Le long des cours d'eau qui coulent des montagnes de Bintoean et vont se jeter dans le Sekajan, on trouve également du diamant.

Ce sont les Malais et les Chinois qui recherchent l'or et le diamant; les Dajaks le font rarement.

En 1846, on découvrit des mines de houille dans les pays de la rivière de Kapoeas. En 1916, en quatre mois, la production à Djonkong, Salimbau et Boenoet, s'est élevée à 3440 tonnes; en 1917, elle était de 11200 tonnes.

Ces chiffres ne peuvent donner une idée de la production normale; ils résultent de causes particulières : par les hauts niveaux, il a été possible, durant les trois dernières années, d'exploiter des gisements vierges placés assez loin et, ensuite, les besoins créés dans la population par les mauvaises récoltes, ont permis d'avoir des travailleurs. L'augmentation des prix et le manque de charbon de Cardiff ont, d'autre part, poussé les Chinois, dont les bateaux transportaient moins de marchandises, à cause de la guerre, à employer ces bateaux à charger du charbon.

On a découvert, ces derniers temps, d'autres terrains houillers. Le principal est celui de la montagne d'Alat, dans la région de la rivière de Kajan (affluent du Melawi). Mais, en raison de l'isolement de ces terrains et de la difficulté des transports, on a été forcé de renoncer, pour le moment, à leur exploitation.

13. Flore. — On trouve dans Bornéo Ouest : palétuvier, zizaphores, palmier nipah, avicennia's, casuarinas, rhododendrons, pinang (tanin et colorant), pandang, ficus, beaucoup de plantes médicamenteuses, des plantes vénéneuses comme le tankoela dont le suc est employé pour narcotiser les poissons, le boengoer (*Lagerstroemia regina*), orchidées, gutta-percha, rotin, tengkawang (graisse pour l'éclairage, l'huile des machines et les bougies), caoutchouc, gommes copal et damar, bois de fer et de teck, bois dur, bois d'ébène, bois léger, bois odorant, l'agar-agar, palmier à sagou, cocotier, café, tabac, indigo, noix de muscade, coton, kapok, gingembre, poivre, gambier, cires, camphre, fougères arborescentes, essences....

On ne connaît qu'une plantation appartenant à des Européens.

Construction d'un tombeau dajak à Lepot Moöt.
(Rivière Bahau).

Funérailles d'un chef dajak.

CHAPITRE III

BORNÉO SUD ET EST

---

1. Superficie. Statistique de la population. — La superficie de la Résidence sud et est représente 406 713 kilomètres carrés. Sa population se chiffre par 940 866 habitants, comprenant : Européens 1 963, Orientaux étrangers 16 616, indigènes 922 287 dont la moitié au moins de Dajaks.

On croit, toutefois, que ce nombre reste au-dessous de la réalité et qu'on peut le taxer à plus d'un million. Les divisions relativement petites de Bandjermasin et de Oeloe Soengai dépassent un demi-million d'habitants. Oeloe Soengai, à elle seule, en a 379 000.

Comme dans l'ouest de Bornéo, la population est de faible densité et en grande partie paresseuse. Aussi, on a amené pour les travaux des plantations et principalement des mines de pétrole et de charbon, des coolies de Java.

2. Administration. — La résidence sud et est est divisée administrativement en six divisions, qui ont chacune à leur tête un assistant-résident :

I. Bandjermasin, chef-lieu Bandjermasin, comportant les subdivisions de Bandjermasin, Marabahan, Martapoera, Pleihari.

II. Oeloe-Soengai, chef-lieu Kandangan, comportant les subdivisions de Kandangan, Rantau, Barabai, Amoentai, Tandjoeng.

III. Doesoenlanden, chef-lieu Moeara-Tewe, comportant les subdivisions de Moeara-Tewe, Boentok, Poeroek-Tjahoe.

IV. Kocala-Kapoeas, chef-lieu Koeala-Kapoeas, comportant les subdivisions de Beneden-Dajak, Boven-Dajak, Sampit, Kota-Waringin, cette dernière consistant en une administration autonome.

V. Zuid-Oostkust van Bornéo, chef-lieu Kota-Baroe, comportant les subdivisions de Poeloe-Laoet, Tanah-Boemboe, Pasir.

VI. Samarinda, chef-lieu Samarinda, comportant les subdivisions de :

Oost-Koetei, comprenant le territoire de Samarinda administré directement, la partie est de la région du Koetei formée des districts administrés d'une façon autonome de Balikpapan, Samarinda, Bengalon, Sangkoelirang, et du sous-district autonome de Sanga-Sanga, (chef-lieu Samarinda),

West-Koetei, consistant dans l'autre partie de la région de Koetei, chef-lieu Tenggarong,

Boven-Mahakan, chef-lieu Long Iram,

Beraoe, ou pays autonomes de Sambalioeng et Goenoeng-Taboer, chef-lieu Tandjoengredeb,

Boeloengan, autonome, chef-lieu Tandjoeng Selor.

La subdivision est placée sous l'autorité d'un contrôleur.

Les chefs de district sous l'administration directe sont indigènes, ainsi que ceux de sous-districts.

Le chef de village porte le titre de pembekel ou de kiay.

Le siège de la résidence est à Bandjermasin qui a une population de 50 828 habitants, dont 546 Européens.

*
* *

Les contrées autonomes comprennent des districts et des sous-districts, et sont administrées par des princes malais :

Sokma Alam Sjah est le chef de Kota-Waringin.

Le « Pangeran » Mangkoe Negoro dirige comme régent le Koetei pendant la minorité de Adji Mahamad Parikesit.

Datoe Ranik est sultan de Sambalioeng, et Mahamad Siranoedin : de Goenoengtaboer.

Pour Boeloengan et Tidoengsche landen : sultan Maulana, sultan Mohamad Kasimoedin.

Des contrats politiques ont été imposés par le Gouvernement indo-néerlandais à ces princes. Voici un aperçu de celui du sultan du Boeloengan :

« La contrée de Boeloengan fait partie des Indes néerlandaises, sous le règne de Hollande. Le sultan sera toujours fidèle à S. M. la Reine et au Gouverneur Général comme représentant de S. M. Il n'aura pas de relations diplomatiques avec les puissances étrangères ; les ennemis et les amis de la Hollande seront aussi ses ennemis et ses amis. Le sultan exécutera toutes dispositions prises par le Résident ainsi que tous ordres donnés par celui-ci. »

3. Le climat. — Sur les côtes, il pleut beaucoup ; toutefois, la quantité d'eau qui tombe durant la saison sèche est plus faible que partout ailleurs.

La région de Samarinda reçoit le moins de pluie ; pourtant elle s'élève ici à une moyenne de deux mètres pour l'année.

Décembre est le mois des grosses averses et juillet est généralement le moins pluvieux.

Le thermomètre à Balikpapan va de 22°,7 à 30°,3 ; à Tarakan, de 22°,4 à 30°,9. A la côte sud l'écart de la température est un peu plus marquant.

Les vents se font sentir particulièrement sur le littoral, mais ils n'atteignent que rarement la force de l'ouragan.

4. Vue d'ensemble. — Les côtes de Bornéo sud et est, sont sur presque toute leur longueur sablonneuses et marécageuses.

Dans de telles conditions, les embouchures des rivières forment les uniques ports et elles perdent même de leur praticabilité en raison de la forte poussée du limon qui les obstrue. Les meilleurs ports se placent à celles, larges, en forme d'entonnoir, de quelques petites rivières qu'on rencontre surtout à la côte est : baies de Kloempang, Pamoekan, Adang, Balikpapan et Sangkoëlirang.

Sur la côte sud de T. [1] Sambar à T. Selatan, on trouve, en quelques endroits, une plage de sable; le plus souvent cependant la végétation s'étend jusque dans l'eau, et la côte, humide, est presque inhabitée.

Peu favorable au trafic, cette côte ne possède aucun établissement d'une certaine importance; seulement quelques plantations de coco. De petits kampongs s'élèvent à l'embouchure des cours d'eau et en arrière des rives.

La côte est, est au sud couverte de forêts. Après T. Dewa, elle devient généralement marécageuse et on rencontre des récifs. Ce n'est que près de T. Aroe, puis entre Balikpapan et le delta du Mahakam et aussi en Beraoe et Boeloengan qu'il y a des plages de sable; les côtes du T. Mangkalihat sont çà et là rocheuses.

La résidence est riche de minerais : diamant principalement dans la subdivision de Martapoera, or dans les subdivisions d'Amoentai et de Martapoera ainsi que dans les hauts cours des rivières Kleine Dajak, Kahajan et Katingan, houille de bonne qualité, en couches étendues sur divers points de la résidence, minerai de fer dans le district de Doesoen Oeloe [2], dans la partie nord-est de la subdivision d'Amoentai, ainsi qu'en Boeloengan, et pétrole dans le district de Tabalong (subdivision d'Amoentai), en abondance dans le district de Balikpapan et à l'île de Tarakan.

Il est certain que les connaissances géologiques restent encore très limitées. On pense toutefois, que la partie orientale et les hautes contrées du Kleine Dajak et du Kahajan contiennent plusieurs autres minerais.

En raison des inondations, les terrains le long des bas cours des grandes rivières se fertilisent chaque année par une couche de limon.

Les plaines, qui se trouvent au pied des montagnes suffisamment au delà des contrées des marais, semblent

1. Tandjoeng, qui veut dire cap.
2. Dans la boucle du Barito.

Tombe de Dajak à demi civilisé.

Balikpapan.

IMP. CATALA FRÈRES, PARIS.

consister en des terres fécondes et les cours d'eau qui parcourent ces plaines s'approprient certainement à l'irrigation.

Les terrains favorables pour la transformation en sawahs (culture humide du riz) sont les plaines faiblement inclinées des subdivisions de Rantau, Kandangan et Barabai, et aussi les plateaux des districts de Balangan et Kloea (Oeloe Soengai).

Les Malais établis dans ces contrées se sont mêlés avec les Dajaks et aussi avec les Indous, Chinois et Javanais [1].

Le poivre est principalement cultivé dans la subdivision de Tanahboemboe. A Poeloe Laoet et dans le district de Tjantoeng, c'est une culture populaire. La subdivision d'Amoentai en récolte quelques picols [2].

La culture du riz est extensive dans le sud. Toutefois, le riz n'est pas le principal produit ; le surpassent : le coco, surtout dans le district d'Amandit, le poeroen, qui sert à faire des nattes, dans les districts d'Alabio et Amoentai ; dans les basses contrées d'Oeloe Soengai, le semangka (citrullus), et sur les terrains plus élevés le staart peper (poivre), les bananes et les hévéa (caoutchouc).

Il y a dans la résidence de vastes plantations de coco qui appartiennent à des Chinois. Les fortes demandes de coprah ont amené le capital européen à s'intéresser à cette culture qui s'étend particulièrement dans les régions du littoral où l'on fait disparaître les forêts.

On cultive aussi aux environs de Martapoera, le sirih (feuilles à chiquer le bétel) ; à la côte, le pinang.

On compte d'autres plantations : de canne à sucre, de tabac....

Les cultures indigènes sont le plus développées dans la division de Oeloe Soengai, parce que là la nature est plus riche et la population plus civilisée.

Non seulement les Chinois et les Arabes, mais aussi les Malais du littoral ont de la prédilection pour le commerce.

---

1. Les femmes portent là pour se parer du soleil — et de la pluie — des chapeaux faits de feuilles de palmier, en forme de parapluie, et qui atteignent 1 m. de diamètre et plus.

2. Le picol : 61 kg. 76.

Les commerces en gros, outre quelques maisons européennes et certaines arabes, appartiennent à des Chinois qui entretiennent la communication avec Singapore et Java. Contrairement à Java, on rencontre dans la population indigène des marchands assez conséquents, beaucoup de Bandjarais (gens d'origine de Bandjermasin) parmi lesquels les hadjis[1] tiennent la première place.

L'exportation de l'intérieur est représentée par les produits des forêts qui sont amenés dans de petits établissements malais se trouvant aux confluents des rivières; ici, les Chinois et les Malais les accaparent pour les transporter dans les ports et s'en retournent avec du riz, du sel et du fer.

Jusqu'à assez loin, à l'intérieur, on emploie maintenant de l'argent pour payer les marchandises.

*
* *

Depuis 1911, le téléphone est installé dans certaines localités de Bornéo sud. Bandjermasin communique avec Martapoera, Kandangan et Negara.

Le télégraphe relie Bandjermasin à Martapoera, Pengaron, Rantau, Kandangan, Barabai, Amoentai et Tandjoeng.

5. Les plaines et les hauteurs. — Dans la résidence sud et est on n'a pu obtenir, jusqu'à présent, sur les montagnes, une idée aussi exacte que sur celles de la résidence ouest, lesquelles ont été explorées à fond par Molengraaff.

Sur la ligne qui unit le T. Datoek au T. Mangkalihat s'étend, avec des élévations variées, une chaîne, dont le centre est appelé montagnes du Boven Kapoeas et où les rivières Kapoeas et Mahakam prennent leur source. Les montagnes de Bawoei, plus à l'est, appartiennent à cette chaîne.

Les montagnes de Boven-Kapoeas sont un type de hauteurs parallèles à plissements; elles se composent d'anciennes formations d'ardoise, avec des altitudes de 1 600 à 1 900 mètres.

A 200 kilomètres au sud, on atteint les rebords de la con-

1. Pèlerin de la Mecque.

trée de Schwaner. Celle-ci va vers l'est jusqu'au Kahajan ;
couverte de grès récent, elle forme un plateau incliné vers le
nord. Elle se continue dans le pays étendu des collines de
Bornéo sud-ouest, se compose principalement de granit et n'a
qu'une hauteur moyenne ; quelques sommets seulement qui
renferment d'autres compositions sont plus élevés.

Entre les montagnes de Müller et de Boven Kapoeas, celles
de Boengan partent de la plaine de Kapoeas. Ces montagnes,
d'une hauteur de 2 000 mètres se dirigent vers l'est.

Le grès arrive jusqu'aux monts de Meratoes et de Pasir.

Les montagnes des sultanats du nord-est n'ont pas été
suffisamment parcourues et la plupart des voyageurs se sont
bornés à noter sur les cartes les cimes particulièrement mar-
quantes. Seules, celles qui bordent les rivières et jusqu'à une
centaine de kilomètres de la mer, ont été exactement relevées :
quelques-unes s'élèvent à 1 000 mètres et plus.

Entre les montagnes et la plaine, on trouve des collines
étendues, quelquefois de hauts sommets isolés.

De vastes plaines, longeant presque sans interruption la
côte, s'étendent le long des rivières et jusque loin à l'intérieur. Celle de Mahakam montre, à beaucoup d'égards,
quoique située plus au voisinage de la mer, des rapports avec
la plaine du Boven Kapoeas.

Un mot maintenant sur les formations volcaniques :

En Bornéo central, Molengraaff trouvait, outre les montagnes de Müller, deux terrains importants de l'activité volcanique : dans le massif de Schwaner et une large bande de
collines coniques environnée de tuf.

Les roches volcaniques ont aussi une extension considérable en ouest : en Sambas, Mampawa, Landak, surtout le
G. Nijoet.

Les formations volcaniques sont répandues, croit-on, sur
tout Bornéo. On en a découvert récemment aux environs de
Martapoera, en amont du Barito et aux sources du Mahakam.

6. Les cours d'eau. — Parmi les rivières du sud, le Barito,
qui prend sa source en Bornéo central, mérite une mention

particulière par l'étendue de son bassin qui le met en parallèle avec le Kapoeas et le Mahakam.

Le bassin du Barito comprend entre autres les divisions de Bandjermasin et de Oeloe Soengai, les plus importantes de la résidence, au point de vue économique.

Entre les vastes marais à l'aval du Barito et le pays des collines des subdivisions de Pleihari, Martapoera, Rantau, Kandangan, Barabai, Amoentai et Boentok, jusqu'au Goenoeng Rantau[1] existe une zone de plaines large de 20 à 30 kilomètres, unie ou faiblement ondulée, et s'élevant de 8 à 10 mètres au-dessus du niveau de la mer. Les nombreuses rivières qui prennent leur source dans les montagnes de Meratoes, creusent, dans cette contrée, des lits assez profonds mais étroits avec des rives escarpées.

Les grands chemins Bandjermasin-Martapoera, Martapoera-Pleihari, Martapoera-Pengaron-Mengkaok, Martapoera-S. Radja-Binoeang-Rantau-Kandangan-Barabai-Amoentai-Tandjoeng-Moeara Tabalong et Kandangan-Negara, courent tous sur ces plaines. C'est aussi la partie de la résidence où la population est la plus dense.

La zone est entourée au sud et au sud-ouest par des marais. Des forêts presque inaccessibles, où poussent les djeloetoeng : arbres sauvages de caoutchouc (Dyera Lowui Hook) couvrent ces marais. Là, sur des terrains surélevés les indigènes ont bâti leurs kampongs. Des ruisseaux étroits parcourent le pays : ce sont les seules voies de communication. L'inondation par le flux rend infertile cette partie du bassin.

Il y aussi de vastes plaines entre le cours du Laong et les plateaux de Batoe Lesong et Batoe Ajau.

Les montagnes de Schwaner, le plateau de Madi et les montagnes de Müller bornent au nord et nord-ouest le bassin du Barito. La séparation des eaux avec le Mahakam n'a jamais été l'objet de recherches scientifiques. A l'est, des montagnes s'orientant du nord au sud constituent la séparation : montagnes de Meratoes, d'Amandit, de Pramassan, d'Alai et de Loeang. La séparation à l'ouest est plate, particu-

____

1. Près du confluent du Barito et du Montalat.

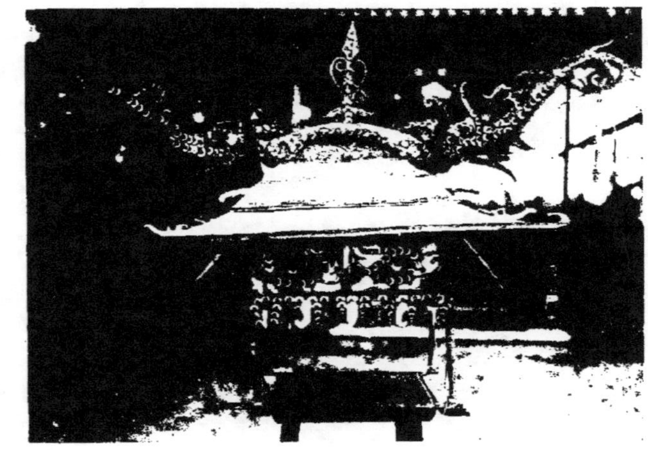

Coffret où sont conservées les cendres des Dajaks.

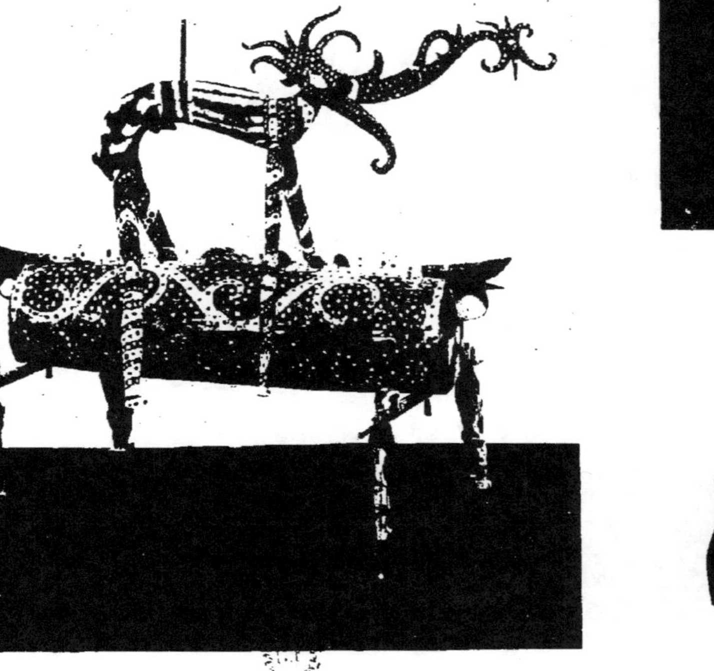

Cercueil dajak de l'Apo Kajan.

Cercueil dajak.

Imp. Catala Frères, Paris.

lièrement au sud des monts de Pararawen. Celle avec le Kleine Dajak et le Kahajan est une région presque inconnue.

La rivière, dans son haut cours, présente le caractère d'un courant de montagne et n'est qu'en partie navigable. Jusqu'à son confluent avec la Soengai[1] Djoeloi, le haut cours du Barito porte le nom de Soengai Mocroeng.

Le centre est marqué par un grand nombre de méandres aigus; les cataractes sont rares, mais des bancs de grès et de sable l'encombrent. Ici, la rivière prend aussi le nom de : Soengai Doesoen.

A l'endroit où le Barito quitte les collines tertiaires, commence le bas cours, qui traverse dans des sinuosités un pays uni et marécageux.

On rencontre des *danaus* et des *antassans* au cours central du Barito, alors qu'on trouve ces phénomènes dans le bas cours des autres rivières de Bornéo.

Ces formations sont dues à l'inondation annuelle des plaines. L'eau de la rivière sort de son lit, inonde les bas pays et se rassemble dans les grandes dépressions (danaus). Elle cherche cependant un chemin d'écoulement vers ce même lit et creuse ainsi un goulet (antassan). Au bout de quelques années, les navires peuvent aussi bien, durant les hauts niveaux, se servir du lit propre que du nouveau lit.

Le Barito est navigable jusqu'à Batoc-Poetih (environ 460 kilomètres de la mer) pour des vapeurs d'un tirant d'eau maximum de 4 pieds. Les petits navires des côtes vont jusqu'à Boentok, à 260 kilomètres.

Les saisons des pluies et de temps sec n'étant pas définies dans le bassin du Barito, le niveau de la rivière est très variable. En général, on peut dire que les bas niveaux se produisent de juin à octobre; à cette époque la navigation, à l'amont de Boentok, est quelquefois arrêtée pour plusieurs semaines.

Les grandes pluies transforment le Barito en une nappe d'eau. Jusqu'au pied des collines tout est inondé et les communications entre les maisons des kampongs ne peuvent se faire qu'avec des prauws.

---

1. Le mot Soengai signifie rivière.

Les affluents du Barito sont nombreux, surtout de gauche.

A mentionner, parmi ces derniers : le Martapoera, qui est formé par la confluence du Riam Kanan et du Riam Kiwa, prenant tous deux leur source dans les montagnes de Meratoes. Les navires remontent le Martapoera pour arriver à Bandjermasin.

L'important Negara est navigable pour les petits vapeurs jusqu'à Amoentai, où le Balangan et le Tabalong s'unissent à lui. Le Negara communique avec le Barito par la Soengai Pamingir.

L'Ajoeh est en partie navigable par prauws.

Entre les rivières Ajoeh, Karaoe et Montalat, il existe des voies de communication qui vont du kampong Moearasingan au K. Ampa, du K. Moearasingan, le long de la rivière Singan, au haut Karaoe, et d'ici au haut Tabalong et plus loin à Pasir et à la côte est, du K. Moearasingan au K. Mandjangkan et au K. Baliti, du K. Lioeng Kara au K. Kandoei et du K. Baras Papan au K. Toengka.

La population de la rivière Ajoeh, spécialement dajak, est faible.

Dans le coin de terre formé par la rive gauche du Barito et la rive gauche du Montalat : le petit kampong Moearamontalat. Les habitants sont principalement des Malais commerçants. Le bas cours du Montalat, aux rives marécageuses, n'est pas fertile. La population fait du commerce ou ramasse les produits des forêts. La rivière est navigable pour des prauws. A Toengka, commence la formation de récifs calcaires communiquant d'une part avec les récifs du haut Ajoeh et d'autre part avec ceux du haut Tewe. Au cours central : des ladangs, particulièrement nombreux sur des collines de marne et d'argile.

Dans la région de Montalat, on trouve les voies de communication suivantes :

Un rintis (piste) du Gouvernement, large de 4 à 5 mètres, le long du Montalat, depuis le kampong Moearamontalat jusqu'au K. Toengka,

avec la rivière Tewe :

un sentier important du K. Kandoei au K. Hadjak;

un sentier qui va le long de l'affluent de droite Polari
au K. Penain;

et entre le K. Toengka et le K. Sampirang, un sentier
dont il est fait beaucoup usage.

La Soengai Tewe est le plus important et le plus puissant
affluent du Barito. Elle forme la principale voie mettant en
relation les pays de la côte est de Bornéo : Koetci et Pasir, et
les districts du bassin du Barito, jusqu'à Bandjermasin. Même
durant les basses eaux, le Tewe est navigable, sans grand
inconvénient, pour des grands prauws, jusqu'au kampong
Moeara Benangin (quatre à six jours). En amont de ce
kampong commencent de dangereuses cataractes.

Au confluent du Tewe et du Barito se place le kampong
Moeara Tewe; sur la rive droite du Barito : la caserne et les
maisons des Européens, plus au sud les kampongs chinois et
malais. Entre la rive gauche du Barito et la rive gauche du
Tewe habitent les Dajaks, tandis qu'entre la rive gauche du
Barito et la rive droite du Tewe des Malais ont construit des
demeures.

Le pays, le long de la rivière, est fertile, spécialement sur
la rive gauche; la population assez faible. Le climat ne semble
pas salubre et les habitants souffrent de la malaria. Beaucoup,
surtout parmi les Dajaks, ont la gale.

Les oiseaux sont rares, mais on rencontre quantité d'animaux sauvages : les cerfs, le babi-outan (sanglier), le rhinocéros et les singes, ainsi que le petit ours brun; des arbres de
tenkawang en grand nombre.

Le Tewe est pauvre de poissons à cause de son eau boueuse.

Sur quelques affluents du Tewe des petits prauws peuvent
naviguer : le Penain, le long duquel court un sentier qui
communique avec la Soengai Polari, et la Soengai Benangin
qu'un chemin important relie au pays de Koetei.

Le Lahei est la rivière la moins connue du bassin du
Barito. Elle est navigable pour des grands prauws en remontant pendant cinq jours jusqu'à Riam Loeang. Par le Lahei et
son affluent de gauche la Soengai Inoe on peut atteindre, en
petits prauws, les collines qui touchent au bassin du Mahakam,
dans lequel on entre par un sentier.

Au haut cours de l'Inoe, des bûcherons, le plus souvent Malais d'Amoentai, vivent isolés pendant un ou deux ans, abattant le bois de fer qu'ils descendent en radeaux vers Bandjermasin.

Les principales communications dans le bassin du Lahei comprennent :

Un rintis du Gouvernement de Moeara Lahei à Moeara Inoe, un sentier de Moera Poeroen le long de la rivière de Poeroen à la rivière de Tengen (affluent de droite du Tewe) et au kampong Saboeh, un autre de Moeara Inoe au kampong Loë Dajak, sur le Barito.

Les habitants du Lahei sont surtout des Dajaks, ainsi que ceux du Toehoep, autre affluent de gauche du Barito.

Du kampong Makoendjoeng, sur le Barito, un rintis mène à travers les forêts au kampong Diroeng Seraroeng et d'ici, le long de la Toehoep, aux montagnes séparant les eaux avec le Mahakam, et ensuite de la Soengai Wangan vers la rivière Lahei.

Le Laong est peuplé de Dajaks. Des couches houillères bordent la Maroeoei, affluent de gauche du Laong. Les montagnes séparant les eaux d'avec le Mahakam sont escarpées, de hauteur moyenne, formant probablement un plateau de grès.

Au confluent du Barito et de son affluent de droite la Soengai Lemoe, est situé le kampong Moeara Lemoe.

Le long du Bakanoen et du Djoeloi vont des sentiers vers le haut Kapoeas ou Kleine Dajak, le Kahajan et le Kapoeas de Bornéo ouest.

*
* *

Les autres rivières du sud présentent une grande ressemblance entre elles. Elles prennent leur source sur les montagnes de Schwaner et débouchent par de larges estuaires. Bassins resserrés, climat très pluvieux.

Les hauts cours sont impétueux, entre des rives montagneuses et des rocs. Viennent ensuite une partie longue qui coule, sans obstacles, à travers des plaines, et une troisième formée d'îlots d'alluvion où se font sentir le flux et le reflux.

Ces rivières sont peu appropriées à la grande navigation. Des navires avec un tirant d'eau moyen doivent attendre la marée pour pouvoir y naviguer.

L'intérieur du pays est d'ailleurs peu développé et guère peuplé.

A l'amont de son confluent avec le Senamang, le Katingan contient de nombreuses cataractes. Toembangsamba, habité par des Dajaks et des marchands malais de Marabahan (sur le Barito) est le centre du trafic dans les hautes contrées. Les petits vapeurs remontent jusqu'à ce point. Le kampong Kasoengan est le siège d'un chef de distric, lequel, avec une partie de la population, s'est converti au christianisme, une mission rhénane étant établie là. Parmi les kampongs malais à l'embouchure, on doit citer Mendawai qui attire le commerce de plus en plus, et Pagatan le principal port d'exportation.

Le haut cours du Kahajan n'est presque pas navigable. Un endroit sur le Kahajan appelé Rawi exporte des produits de forêts; des navires de 5 pieds de tirant d'eau y arrivent. Pahandoet est atteint par ceux de 9 pieds.

Le Kahajan a un grand affluent : le Roengan; bien que le Roengan présente par ses cataractes et ses bancs des difficultés pour la navigation, la région est très peuplée.

Un antassan, en partie naturel, en partie creusé par les populations, et propre pour des prauws, relie le Kahajan, de Poelangpisau, au Kleine Dajak.

Le chiffre de la population du Kahajan et du Kleine Dajak s'élève à 40000. Les gens du Kahajan sont entreprenants et beaucoup pratiquent le commerce.

Sur le Kleine Dajak : Djankang est le point le plus éloigné où, pendant le haut niveau de l'eau, un petit navire peut aller. Par niveau moyen, on va jusqu'à Toembang Hiang et durant la saison sèche, seulement un peu en amont du confluent du Maroeoei.

Le Poeloepetak, bras d'eau large et profond, et le canal de Meier, mettant en communication le Kleine dajak avec le Barito.

Koelakapoeas, très peuplé, est au confluent du Poeloepetak et du Kapoeas Moeroeng. Les commerçants de cet endroit font rayonner leurs affaires sur plusieurs rivières. Le terrain, comme d'ailleurs dans tout le bas Barito et aussi au bas Kahajan, est inondé pendant le flux.

Sur les rivières du sud-ouest, les ports vers l'embouchure sont les seuls établissements importants. Elles ne peuvent être naviguées que par de petits vapeurs et par des prauws.

Dans le sud-est ne se trouvent que de petites rivières, le voisinage des montagnes de Meratoes ne permettant pas le développement des cours d'eau. On note seulement le Patagan qui aboutit dans le détroit de Laoet, et le Pasir.

Le puissant Mahakam, enclavé entre les montagnes du sud et du nord, peut être considéré comme le pendant du Kapoeas. Il prend aussi sa source dans les montagnes de Boven Kapoeas. Sa longueur est la même.

Sous le nom de Selirong, le Mahakam sort du pied du Batoetiban. Entre Long Blocoe et Long Tepal, il est très sinueux; peu après Long Tepal, la vallée se rétrécit et la largeur de la rivière n'est que de 15 à 40 m. Ici, trois grandes cataractes forment obstacle à la navigation.

A Long Bagoen, le Mahakam entre dans une plaine de gravier et de sable. En aval de Goenoeng Sindawan, la plaine est de formation alluviale. Entre Moearakaman et Samarinda, la rivière traverse des colllines et se jette dans la mer par un delta typique.

Les affluents du haut Mahakam : Howong, Kaso et Penanei sont des voies de pénétration dans les contrées du Kapoeas. Le Long du Boh va un chemin vers l'Apo Kajan.

Sur le haut cours, on trouve de nombreux établissements dajaks, le plus souvent au confluent des affluents dont ils portent le nom. En amont des grandes cataractes, ils ont toujours conservé de l'indépendance vis-à-vis du Koetei.

Dans le cours central du Mahakam, trois affluents principaux : le Ratah, le Mera et le Pari. Là, les villages sont encore dajaks, bien qu'on rencontre beaucoup de commerçants bandjarais et bouguis. Long Iram, fondé en 1900, comme siège d'administration, s'est développé en un court espace de temps et arrive à être l'endroit de commerce le plus important.

Le Kedang suit, au confluent duquel est Moearapahoe,

purement malais; ensuite, à droite et à gauche, les grands lacs, nappes d'eau sans beaucoup de profondeur et d'étendues diverses comme ceux de la plaine du haut Kapoeas. Ces lacs communiquent entre eux par des goulets, ainsi qu'avec le Mahakam.

Une localité à signaler sur cette partie de la rivière est Kota Bangoen, avec 3 000 habitants. Les quartiers malais ont tous les mêmes apparences : une rangée de maisons le long d'un chemin étroit sur la rive et une autre, en face, sur des radeaux.

En aval, se jettent les forts affluents : le Belajan, à rives élevées, dont le plus intéressant établissement dajak est Long Beleh; le Kedang Kepala, véritable courant de plaine avec, comme principal affluent, le Antjalong ou Klindjau. En amont du confluent avec ce dernier, le Kedang Kepala porte le nom de Telen. Caractéristique est le Kedang Rantau qui se détache du Telen et roule en rivière indépendante en direction du Mahakam.

Le Kedang Kepala, le Kedang Rantau et le Telen sont navigables loin vers la source. Leur bassin a une population insignifiante de Dajaks.

Tenggarong, résidence du sultan du Koetei, au confluent de la rivière du même nom, a 6 000 habitants et, d'un kampong malais, tend à devenir une petite ville possédant déjà la lumière électrique.

Non loin de là est Samarinda.

Dans beaucoup de points du bas cours du Mahakam, il y a de la houille : à Moearadjawa, Pelarang, Batoe Panggal et Tenggarong. La qualité s'améliore à mesure qu'on pénètre à l'intérieur, mais l'exploitation est insignifiante.

Le delta a la forme d'un éventail. L'embouchure principale se dénomme Moeara Bajor, dont la profondeur durant le bas niveau est de 9 pieds. Des navires venant du sud et d'un tirant d'eau inférieur à 10 pieds peuvent faire usage, durant la marée montante, du Moearadjawa qui abrège le parcours de 40 milles. Dans les mêmes conditions, le Moeara Beraoe est de 25 milles plus court pour ceux venant du nord:

Les bateaux à vapeur de 5 pieds remontent le Mahakam

jusqu'à la Soengai Ratah, à 68 kilomètres en amont de Long Iram; ceux de 10 pieds peuvent atteindre ce dernier endroit. Les navires des côtes vont jusqu'à Moearapahoe qui est à 277 kilomètres de Samarinda.

On ne connaît les cours d'eau au nord du Mahakam que depuis le commencement du XX° siècle. Comme à la côte sud, les bassins sont resserrés et on trouve plusieurs rivières considérables l'une pas loin de l'autre.

Les principales forment de grands deltas marécageux.

Le Beraoe se compose du Kelai et du Segah qui s'unissent à 30 kilomètres de l'origine du delta. Au confluent, Tandjoengredeb est un siège de l'administration gouvernementale, et Goenoengtaboer et Sambalioeng sont ceux des sultans du bassin du Segah et du bassin du Kelai.

En raison de la faible navigabilité du Kelai, les petits vapeurs n'arrivent que jusqu'au kampong dajak Tanahmerah. La contrée est principalement habitée par des Poenan. Le Segah n'est navigable pour des navires à faible tirant que jusqu'au dernier banc de gravier à 50 milles marins de Tandjoengredeb. Près de Adjiintan deux grandes cataractes rendent impossible le commerce avec le pays des sources de la rivière.

Dans le delta du Beraoe, les principaux bras sont au nord et au sud : Moeara Tidoeng et Moeara Pantai. Pendant le haut niveau, le premier peut être traversé par les bateaux de 15 pieds, le second par ceux de 13 pieds.

La plus longue des rivières septentrionales, le Kajan ou Boeloengan, se jette dans la mer par un delta étendu.

Le Kajan est peu favorable au trafic. Des petits vapeurs vont jusqu'au confluent du Pangian; là déjà, on trouve une cataracte. Les cataractes de Bem-Brem, au centre, d'une longueur de 19 kilomètres sont les obstacles les plus difficiles rencontrés à Bornéo; on ne peut les passer.

Le haut bassin, appelé Apo Kajan, pays de montagnes très espacées, a une population rude, assez dense même pour Bornéo, et qui est toujours restée indépendante du Boeloengan. La pénétration de l'autorité indo-néerlandaise est conduite paisiblement, sauf lorsqu'il s'agit de réprimer le coupage des têtes.

Un chemin unit le Kajan au Bahau, le plus important de ses affluents et un autre rejoint le Kelai.

Sur le bas cours du Kajan, les kampongs dajaks s'étendent jusque près de la côte, à peu de distance de Tandjoengselor.

En face de Tandjoengselor : Tandjoengpelas, résidence du sultan du Boeloengan.

Une population importante de Dajaks vit dans le haut bassin du Sesajap. Les Malais peu nombreux occupent quelques établissements sur le bas cours, entre autres : Sesajap. Le delta forme tout un archipel avec trois embouchures principales.

Le haut Sembakoeng représente la partie la plus peuplée du bassin de cette rivière. Des Bouguis habitent au cours inférieur deux kampongs : Peladjoe et Peladjoe Baroe. Des vapeurs de 5 à 6 pieds peuvent aller jusqu'à Peladjoe Baroe.

Des navires de même tirant d'eau arrivent à Pembeliangan, sur le Seboekoe. La population est ici plus faible que dans le bassin voisin.

7. Les chemins. — Bornéo sud et est ne possède pas beaucoup de chemins aménagés.

Le Gouvernement a l'intention de construire un tramway de Bandjermasin à Kandangan, qui serait plus tard prolongé jusqu'à Moeara Tewe.

Il n'existe des chemins qui peuvent être employés par les véhicules qu'aux environs des localités importantes ; une route relie Bandjermasin à Moeara Tabalong en passant par Kandangan et Amoentai. Tous praticables pour les autos.

Ailleurs, on ne peut circuler qu'à pied par des sentiers de 1 m. 50 à 2 mètres, le transport des bagages se faisant à l'aide de porteurs, et même cette circulation reste très difficile par la nature marécageuse de beaucoup de contrées et par les fourrés des forêts. Dans ces conditions, on emploie de préférence les rivières comme voies de communication et celles de terre servent à relier les bassins entre eux.

Généralement, la circulation au point de vue commercial est faible sur les montagnes séparant les eaux.

Les Dajaks de l'intérieur, avec des exigences minimes de nourriture, de vêtements et de logis, entreprennent sans difficulté de grands voyages dans des régions peu accessibles pour les Malais et les Chinois, et l'Européen ne peut les accomplir qu'avec une escorte nombreuse de rameurs et de porteurs.

La guerre, le coupage des têtes, le renouement d'amitié entre tribus, le règlement d'affaires de dettes, les visites aux parents, etc..., sont, pour les Dajaks, autant de causes de déplacements lointains.

8. Les ports. — Le port de Bandjermasin est situé à environ 30 kilomètres de la mer et sur la rive droite de la rivière de Martapoera, à 9 kilomètres du confluent de celle-ci avec le Barito. Un peu en amont de Bandjermasin, le Barito communique avec la Martapoera par la Soengai Kween, et ces rivières forment une île triangulaire basse, souvent inondée, sur laquelle est construit Bandjermasin.

Par l'étendue des voies d'eau navigables de la contrée, Bandjermasin forme le point de concentration des produits de tout le bassin du Barito et il règne sur ses quais un vif mouvement.

C'est le premier port de l'archipel malais pour l'exportation du bois. On exporte aussi de la houille, du coprah, des gommes, diverses résines, de la cire, du rotin, des nattes, des objets en cuivre, des fruits, du poisson sec, des peaux, des œufs, du poivre, de la gutta-percha, etc....

Par Bandjermasin entrent des tissus, du tabac, du sel, du cuivre, du papier, du bétail, des boissons et vivres, de l'horlogerie, des bicyclettes, des teintures, de la farine, de la mercerie, des machines, des articles de faïence, etc.....

Comme un banc de boue obstrue son embouchure, ce n'est que durant le flux que des navires d'un tirant d'eau de 13 à 14 pieds peuvent atteindre le Barito. Ces navires ne doivent pas dépasser une longueur de 85 à 90 mètres à cause de la sinueuse et étroite Martapoera.

Dans la baie bien abritée de Balikpapan sont construits six quais. Cinq d'entre eux appartiennent à la compagnie des pétroles; ils peuvent néanmoins être employés par tous bateaux.

Samarinda, sur le Mahakam, à 10 milles du delta, s'étend sur les deux rives de la rivière.

A la rive droite : le kampong indigène, sous l'administration du sultan du Koetei. Les terrains de la rive gauche ont été cédés par le sultan au Gouvernement : ici, habitent la population européenne, ainsi que des Chinois et des Bandjarais qui détiennent le commerce d'exportation et d'importation avec Singapore, Célèbes et Java. On y a élevé un quai couvert.

Les produits exportés par le port de Samarinda proviennent surtout des forêts : damar, caoutchouc et rotin.

Samarinda communique avec Balikpapan et Bandjermasin par la télégraphie sans fil.

Tarakan est le port d'une grande île du même nom. Cette île produit le pétrole. Sur la côte ouest coulent de petites rivières; la principale S. Pemoesian, navigable sur une distance de deux milles pour des navires d'un petit tirant d'eau, va jusqu'au terrain pétrolifère.

Kota Baroe et Setagen, dans l'île de Poeloe Laoet, doivent leur importance aux houillères. Kota Baroe exporte également beaucoup de poivre et de rotin.

D'autres ports, occupés par des Malais et quelques Chinois, n'ont de valeur qu'à un point de vue local.

9. Les forêts. — Un des plus importants produits que fournissent les terres incultes est le bois. Pour donner une idée de la richesse des forêts de la résidence, dont une grande partie est couverte, il suffit de dire qu'en 1917 il a été exporté 130 000 mètres cubes de bois d'une valeur de 2 500 000 florins, tandis qu'on aurait abattu en totalité 515 000 mètres cubes, dont 13 000 de bois de fer.

Les différentes espèces d'arbres sont très nombreuses; mais jusqu'à présent, il n'y en a que peu de connues.

En général, les plaines marécageuses, à grands arbres, donnent du bois moins fort et moins approprié pour la charpente que celui des forêts sur les hauteurs. Le boengoer et le belangeram sont les meilleurs.

Les indigènes ne savent pas utiliser la richesse de leurs forêts, mais il n'est pas douteux que lorsqu'ils arriveront à en bien connaître la nature, le bois deviendra le principal article de commerce.

Les forêts produisent aussi des fruits sauvages et le sagou, qui, avec des racines, sont la seule nourriture d'entières tribus; différentes sortes de résine désignées sous le nom général de damar; des feuilles et des graines desquelles on tire de l'huile et des teintures ou qui servent à la confection des cordes et des vêtements.

Elles sont denses et pour la plus grande partie en terrain plat ou presque plat, sur un sol humide; dans l'intérieur : sur les terres des basses collines.

Les plus vastes se trouvent dans les territoires les moins peuplés, c'est-à-dire du Koetei, de Beraoe et du Boeloengan, ainsi que dans les contrées du sud-ouest. Cependant, il y a à Bornéo sud et en Doesoen des forêts étendues. Sur la côt sud-est, dans les régions d'Armoentai et de Martapoera, on n'en rencontre pas beaucoup, mais elles contiennent du bois de fer.

Le bois de fer est quelquefois mêlé aux autres arbres. Les forêts de galam sont pures et celles de belangéram assez pures dans les pays humides de Bornéo sud; celles de damar-rasak presque pures au bas cours des rivières.

Les forêts de damar-pilaren sont dans des terres sablonneuses; celles de damar-poetih, de damar-matakoetjing, de tengkawang, de oelin (bois de fer), sur les hautes et basses collines; de kapoer (bois de camphre) aux collines de la côte est.

On trouve aussi l'excellent bois de merbau, le teck, du gutta-percha, l'ébène, du gambier, du rotin, de la cire, du miel.

La Soengai Lahei est très riche en bois de fer. Ce fait est à remarquer, car cette espèce de bois tend à disparaître le long des rives des cours d'eau navigables.

On a déjà donné quelques concessions de forêts à des Européens.

Les arbres sur lesquels les abeilles font leurs ruches existent principalement dans le voisinage des rivières et des danaus, mais jamais dans les forêts denses. Les abeilles choisissent des arbres très hauts et touffus. Elles habitent, pendant la saison sèche, des cavernes de montagnes et reviennent toujours sur les mêmes arbres.

Les indigènes retirent le miel durant la nuit en se servant de torches; ils supplient les abeilles par des chants monotones de les épargner et de s'enfuir : « O! abeilles qui êtes dans la ruche, tombez avec les étincelles, ne vous effrayez pas, imaginez-vous de batifoler dans l'or. ». La ruche ne doit être détachée de l'arbre qu'à l'aide d'objets en bois; s'ils sont en fer, affirment-ils, les abeilles ne reviennent plus.

Les Poenan recherchent le *galiga* ou pierres de bézoard et les vendent à de très hauts prix aux Bouguis qui les considèrent comme un médicament, tandis que les Dajaks ne lui attribuent aucune propriété.

Le bézoard, obtenu de la blessure du porc-épic est probablement composé de petits morceaux de feuilles collées à cette blessure et constituant, avec le sang coagulé, une boule noire, très légère, brune, à goût de quinine.

Une autre sorte de bézoard se forme dans certaines parties du corps d'un singe appelé boehies (*Semnopithecus cristatus*). Il est brun verdâtre, souvent très brillant.

Les Chinois font du galiga une poudre qu'ils avalent dans un verre d'eau. Les maladies guéries sont légion....

Les Poenan recueillent aussi dans des grottes qu'ils visitent deux fois par an, les nids d'hirondelles, dont l'espèce blanche est réputée la meilleure.

10. Les mines. Les plantations. — Le diamant, l'or et le platine reposent dans des couches de pierres roulées, mêlées à du quartz et du sable. Cette sorte de couches est répandue sur les pays de collines, le long du haut cours accidenté des rivières et dans les plaines marécageuses. Tantôt on les découvre à peu de pieds, tantôt on doit creuser deux à trois brasses.

Les districts de Martapoera, de Maloeka, de Riam Kiwa et de Riam Kanan (subdivision de Martapoera) sont les plus riches en diamants et l'activité est la plus grande dans le district de Martapoera, aux kampongs : Tjempaka, Banjoerang, Moeroeng Toengkihan et Karang Intan. On les trouve, au Riam Kiwa et au Riam Kanan, dans les terres des kampongs Mataraman, Lok-Toengoel, Mali-Mali et Pengaron. Il y a aussi du diamant dans les districts de Tabalong et Satoei.

C'est lorsqu'ils découvrent du batoe-timahan, morceau de quartz petit et rond d'une couleur bleu grisâtre ou noirâtre, que les indigènes acquièrent la conviction de l'existence du diamant, parce que le batoe-timahan est le compagnon constant de ce dernier.

J'ai vu la mine de Tjempáka.

Là, les indigènes forent des puits larges de 3 à 4 pieds. Les parois sont cuirassées avec du bois et de l'alang-alang (herbe sauvage) lorsque ces puits ont une profondeur de plus de deux brasses, et l'on protège l'ouverture contre le déversement des eaux de pluie par un endiguement.

L'exploitation se fait dans des galeries, soutenues par des cadres en bois, qui n'ont jamais plus d'une à deux brasses, pour ne pas rencontrer celles des autres puits.

Une échelle permet aux hommes, qui font la chaîne, d'apporter à la surface la terre et l'eau à l'aide de paniers et de seaux.

La terre contenant le diamant, après avoir été purifiée des pierres les plus grosses, est amoncelée près de l'ouverture du puits et protégée contre la pluie par des feuilles. Ensuite, il est procédé au lavage dans un ruisseau. On se sert pour cette opération : d'un tamis pour puiser le sable, d'autres tamis et d'un plat en bois pour le laver.

Le tamis à laver, corbeille longue de quatre pieds et large d'un pied et demi, de forme demi-cylindrique, est mise dans l'eau courante. En agitant avec la main, la vase est séparée du sable et emportée par l'eau. La terre subit un second lavage dans un tamis pourvu de gros trous, sous lequel on place un autre tamis. Elle est de nouveau agitée ; à travers le tamis supérieur passent les petites pierres de la grosseur d'un pois et donc, aussi, les diamants de 4 à 5 karats. On agite alors dans l'eau le tamis inférieur : la vase disparaît totalement et après avoir enlevé les pierres, on retire les plus gros diamants. Ce qui reste va au plat en forme de chapeau chinois. Un homme donne à ce plat un mouvement de rotation, et il cherche ensuite les petits diamants parmi le sable.

On voit par cette description, combien est primitive l'exploitation.

Les diamants sont jaunâtres, verdâtres ou bruns ; le diamant limpide est rare.

Lorsqu'on trouve l'*âme* du diamant, de couleur brun noir (qui sert de talisman), la couche est épuisée.

L'exploitation est soumise à une licence délivrée par le chef du district, lequel perçoit un florin par homme et par mois.

A Martapoera, centre de la taillerie de ces contrées, six tailleries indigènes occupent plus de mille personnes ; deux mille ouvriers travaillent à tailler le diamant chez eux.

On taille aussi à Martapoera des diamants provenant du Cap et des pierres de Ceylan.

**
* **

L'exploitation de l'or a lieu d'une façon analogue à celle du fer. Elle est faite par les indigènes.

L'or est de faible importance dans la résidence, comme d'ailleurs, le platine.

On trouve de l'or dans la subdivision de Martapoera : districts de Martapoera, Riam Kiwa, Riam Kanan et Maloeka ; dans la subdivision de Pleihari : districts de Pleihari et de Satoei ; dans la subdivision d'Amoentai : districts de Batang Alai, Balangan et Tabalong. On en trouve également dans les hauts cours du Kleine Dajak, du Kahajan et du Katingan.

**
* **

Dans le district de Doesoen Oeloe, le minerai de fer, jaune foncé de couleur, gît dans de la terre rouge, où l'on creuse des puits de dix brasses et plus.

Outre en Boeloengan, aussi en Bekompai et autres contrées à proximité du Barito, et au nord-est de la subdivision d'Amoentai, des couches de grès contenant du fer sont coupées par les rivières et visibles quand l'eau est basse.

De tout Bornéo sud et est, seuls les habitants de Doesoen Oeloe savent exploiter le minerai de fer, qui est fondu dans un four cylindrique, construit d'argile.

L'industrie du fer à Bornéo remonte aux anciens temps.

*
* *

De la houille de bonne qualité est trouvée dans la partie est en des couches étendues, dans le district de Riam Kiwa et à Poeloe Laoet.

Il y a aussi de la houille dans les districts de Martapoera, Riam Kanan, Satoei, Rantau, Doesoen Ocloe, à la baie de Pamoekan, ainsi que dans les hauts cours du Kleine Dajak, du Kahajan et du Katingan, au Koetei et en Beraoe.

Le Gouvernement exploite des mines dans le district de Riam Kiwa : à Asahan, Pengaron, et dans l'île de Poeloe Laoet, cette dernière de beaucoup la plus importante de la résidence et où l'on extrait 150 000 tonnes par an.

Généralement, le sud-est présente des difficultés pour les transports et par le manque de main-d'œuvre. Beaucoup de mines ont été abandonnées et les indigènes les reprennent à fleur de terre.

La houille, entre la rivière de Riam Kiwa et la mer forme de 6 à 11 couches, dont la moitié exploitable.

La côte est, est très riche en charbons jeunes, surtout à l'embouchure de la rivière Mahakam et en Beraoe. En Beraoe, ils paraissent à la surface.

La houille de Bornéo ne convient pas toujours pour l'industrie.

*
* *

A Bornéo, on trouve les puits de pétrole les plus importants des Indes néerlandaises, le long de toute la côte est : aux îles de Sebatik, Noenoekan, Mandoel, Banjoe et Tarakan; dans la région du Koetei : Sanga-Sanga et Sambodja; plus au sud : Balikpapan, qui a des installations de préparation, et, à l'intérieur, dans le district de Tabalong.

Les pétroles de Bornéo diffèrent de composition : les uns riches d'hydrogène, d'autres contiennent beaucoup de paraffine, et il y a dans le nord-est un pétrole lourd bon pour la navigation.

En 1916, Bornéo a produit 957 000 tonnes.

Les mines sont exploitées par des compagnies hollandaises.

Maison malaise dans la vallée du Barito.

Ouvrages des Dajaks.

Negara.

*
* *

Depuis quelque temps, les plantations d'Européens ont pris une certaine extension, quoique les placements de capitaux à Bornéo soient toujours hésitants.

On compte dans la résidence 62 concessions sur les territoires du Gouvernement, appartenant à des Hollandais, Français[1], Anglais, Japonais et Chinois. On y cultive surtout le caoutchouc, le café, le coco et le rotin.

140 concessions ont été accordées par les pays autonomes. Les plantations produisent principalement du coco et du caoutchouc. Beaucoup de ces entreprises sont entre les mains de Chinois, d'Arabes et de riches hadjis.

11. Flore. — Il y a dans la Résidence sud et est : rotin, gutta-percha, caoutchouc, cocos, poivre, cires, poeroen (roseau), le sagou, semangka, camphre, pinang, canne à sucre, café, tabac, gambier, le tengkawang, diverses résines, bois : de fer, boengoer, belangeram, galam (cajeput), de merbau, de teck, d'ébène, etc.

12. L'industrie indigène. — L'industrie indigène, le plus souvent toute manuelle, se réfère aux besoins domestiques. C'est dire : d'une pas grande signification.

Le tissage tend à disparaître en raison de la concurrence des produits étrangers, sauf chez les Bouguis du Tanahboemboe et de Pasir. On fait de la vannerie, de la chaudronnerie de cuivre, des armes, on construit des embarcations, mais dans des conditions rudimentaires.

Sur la Soengai Tabok (près de Bandjermasin), au Negara et dans le pays des Kajan, il se fabrique des poteries. Les hommes ramassent l'argile et ce sont les femmes qui travaillent les pots.

---

1. Deux plantations françaises : une dans la subdivision de Pleihari et l'autre en Beraoe.

CHAPITRE IV

VOYAGES DE M. LALLEMENT
A BORNÉO

Un Français, M. Henri Lallement, a fait, de février 1912 à juin 1913, des voyages à Bornéo, pénétrant courageusement à l'intérieur.

M. Lallement m'a communiqué son carnet de route, où sont retracées, au fil de la plume, les observations pleines d'intérêt qu'on va lire.

Sur la rivière Negara. — Entre Narabahan et Negara, un seul kampong : Margasari. A part ce kampong, c'est la détresse, la désolation.

Negara est comme un oasis au milieu d'un désert. Le kampong s'allonge le long des berges; sur chaque berge un rideau d'arbres, cocos, bananes, et derrière : les ladangs de riz à perte de vue. Negara a, dit-on, 4 000 habitants malais. Les enfants, garçons et même filles, trottent tout nus. Quelques petites filles portent à la ceinture une petite plaque de métal blanc ouvragé.

La vie entière, avec toutes ses exigences, se passe sur l'eau. Chaque maison, en retrait de la rivière d'environ dix mètres, possède sur celle-ci une raquette attachée à la berge et sur cette raquette : une petite hutte en planches ou en atap[1]. C'est à la fois le chalet de nécessité, la salle de bain et le lavoir.

Le kampong Negara a une traversée de près de trois quarts d'heure en steamer avec le courant. C'est un endroit industriel : ses forgerons sont renommés pour les armes et surtout pour les cuivres, ustensiles de cuisine, boîtes, etc., et commerçant : il exporte son riz sur le haut Barito et le vend aux Dajaks.

Habitations originales très hautes, mais qui disparaissent parce que trop coûteuses.

Le type de l'habitant n'est pas beau. Quelques femmes sont assez fines. Les jeunes se fardent, se passent les yeux au noir. Elles sont coquettes, usent parfois d'une couche épaisse de farine délayée dans de l'eau et cela en guise de poudre de riz; c'est aussi un des remèdes favoris de leur médecine.

Après la plaine de Negara, des kampongs sans interruption, même sur les deux rives : Babirix, Alanbio, etc... jusqu'à Amoentai, et cela continue sur le Tabalong et le Balangan.

Un kampong se signale au loin par de petits points blancs au bord de la rivière. Ces points grossissent et deviennent une halte : c'est toute la vie de Bornéo.

Par les huttes placées sur l'eau et qui servent de water-closets, etc... impossible de boire de l'eau; alors faites provision d'eaux gazeuses. Impossible aussi de faire la cuisine; alors faîtes provision de conserves, hermétiquement fermées. Le riz on le cuit dans du lait; le thé, il n'y faut pas songer. Régalez-vous de cacao au lait, de chocolat en tablettes, biscuits secs, beurre et confitures.

Dans les vastes plaines inondées, à perte de vue : du riz. Dans ces plaines vivent en liberté des troupeaux de kerbau (buffles) qui, le matin, s'en vont au loin chercher leur nourriture. Ces bêtes énormes disparaissent souvent dans l'eau jusqu'au dos, la tête presque seule émergeant; elles se plaisent dans la boue liquide. Le soir venu, les kerbau rentrent d'eux-mêmes au bercail, une plate-forme de planches où ils s'entas-

---

1. Feuilles du palmier nipa.

sent, derrière la maison du propriétaire; plus sauvages que domestiques, ils ne connaissent guère que leur maître, et reçoivent assez mal l'étranger.

Des vols d'oiseaux blancs s'enfuient devant le bateau, se posant sur des touffes de plantes détachées des bords de la rivière. D'autres vols traversent et se perdent dans les plaines.

Amoentai. Résidence d'un assistant-résident et d'un contrôleur. Le pays des canards et de leurs œufs. Confluent du Tabalong et du Balangan. Moustiques à profusion. Pasangrahan, c'est-à-dire maison où l'on trouve l'hospitalité pour une nuit ou deux, vaisselle, etc.... Nourriture à se procurer soi-même.

De Amoentai à Tandjong (42 kilomètres), voyagé en voiture par la route. A Kloewa changé de cheval, malgré la mauvaise volonté du kiay (chef de village).

Les voitures rappellent de très près les araignées de courses; une journée sur un pareil siège se fait sentir....

Avant d'entrer dans les villages, on traverse la « gardoe », une sorte de passage couvert avec, à gauche et à droite, des bancs où les indigènes se reposent, jambes croisées, à leur façon, et devisent longuement des affaires.

*
* *

Sur la rivière Barito. — Il y a des choses rares qui nécessitent le déclic de l'appareil. Mais à côté de cela que de monotonie! Des terres basses au niveau de l'eau, avec une végétation qui n'a rien de tropical, des longueurs mornes, silencieuses, sans vie, à n'en plus finir devant le bateau qui s'époumone contre le courant.

Makoedejong. Kampong dajak, le type de ces kampongs : une longue maison sur pilotis, avec plusieurs portes, d'une longueur d'environ 100 mètres. A la maison, on accède par de bizarres escaliers consistant en un tronc d'arbre dans lequel on a fait des entailles; ces mêmes troncs servent aussi d'embarcadère, couchés le long de la berge : c'est décidément l'escalier dajak.

Intérieurement, la maison est divisée en deux parties dans

sa longueur. La partie antérieure forme une longue galerie, tandis que la partie postérieure consiste en petits appartements qui abritent chacun une famille.

Mangkakoei, à quatre heures de Poeroek Tjahoe. Je vais y prendre de la gutta-percha et du rotin. Je visite une des choses qui vaillent la peine d'être vues à Bornéo. Le « Benting Batoe » à quinze minutes de marche du kampong : des rochers imposants, au fond d'une vallée, couverts d'arbres, noyés dans la verdure, des rochers de 10 mètres de haut bizarrement découpés, alignés, séparés par de longs corridors qui s'entrecoupent et à chaque coin offrent un nouveau coup d'œil. De place en place, un bloc s'est détaché, il a oscillé sur sa base et s'est couché sur son voisin. Les bases, en effet, polies, rongées par l'eau sont moins larges que les cimes ; elles offrent les plus invraisemblables dessins, piliers, dentelles de pierre; on sent le glissement entêté des eaux à l'usure de cette pierre. Au-dessus de nos têtes, ces grands vaisseaux surplombent; leur avant s'infléchit dans une ligne irrégulière dentelée par l'eau rageuse, leurs flancs sont ceinturés de sillons parallèles, creusés par les niveaux variables. Le long de la rivière, entre Mangkakoei et Poeroek Tjahoe, les mêmes pierres. Le « Benting Batoe », qui se trouve dans une longue vallée peu large est évidemment situé dans un ancien bras, un ancien lit du Barito. L'état des pierres indique des siècles de travail.

Sur le Barito, il faut aller jusqu'auprès de Tewe avant d'apercevoir la moindre colline. Or, Tewe est à 400 kilomètres de la mer. Jusqu'à Tewe c'est plat, atrocement plat. A Boentok, les bords semblent hauts, mais les eaux basses donnent cette fausse impression, et derrière les berges, c'est la vaste plaine.

A Tewe, à l'époque des grandes eaux, l'eau recouvre les berges. Aussi, toutes les maisons sont ici et partout sur pilotis; on circule alors en barque.

*
* *

A Amoentai, Tandjong, Beto, Patong, Rodok, Lampeong, Betoeng. — De Bandjermasin à Amoentai, sur l'éternel Negara avec ses moustiques. D'Amoentai à Tandjong, dans le traditionnel tambangan[1] avec cinq mauvais rameurs.

Moi et mon boy chinois, avec un grobak (charrette tirée par un buffle), nous traversons ensuite un pays dénudé, chauffé horriblement par le soleil, et quelques rares kampongs. Arrivée à Pau Padang, après avoir dû deux ou trois fois dételer le buffle et tirer nous-mêmes le grobak sur des ponts improvisés. Nous sommes à Bentot, une heure après. Fatigués, nous n'irons pas plus loin. Demain, des porteurs nous accompagneront avec nos bagages jusqu'à Beto. Je suis assis sur un plancher en bois de fer, à 1 mètre du sol, sous un toit d'atap soutenu par quatre piliers; au bord de la route, on vide le grobak. Le kampong s'amasse autour de moi, curieux de tous mes gestes. En face, la maison du Pembakal (chef de village), où l'on dresse mon lit de camp. Je préfère rester dehors. Oh! l'intérieur de ces maisons. Derrière moi, la rivière Ketapi. Je n'ose m'y baigner quoique j'en aie envie. J'ai trop de monde autour de moi. Nous verrons demain dans une maison plus hospitalière chez un missionnaire, Hendrik, auquel je porte tout un courrier.

Et pourtant tous ces Dajaks sont hospitaliers autant qu'il est possible de l'être, mais « la plus belle fille du monde ne peut donner que ce qu'elle a ».

Dans tout le kampong pas une chaise; ma caisse de provisions va me servir de table et mon lit de chaise.

Les Dajaks boivent un peu de gin. Je débouche une bouteille de bière, qui leur fait envie et qu'ils partagent avec moi. Ce sont des mendiants : le pembakal lui-même me demande en grand secret de ne pas oublier sa femme qui nous a fourni le pétrole et des dés à coudre.

En route à 5 h. 1/4 du matin pour traverser, avant la chaleur, quelques collines dénudées. Nous formons un groupe de treize marcheurs : un boy nouveau; dix porteurs emportent tout le barang-barang (bagages).

A 6 heures nous arrivons à un très simple pasangrahan, une hutte en bambou et atap; véranda, deux chambres, sur le

---

1. Petits prauws ayant la forme des gondoles de Venise.

haut d'une colline — Mongkos Tiang — limite de Tandjong
et de Doeson-Timor. Un poteau indicateur : 52 pals (le pal :
1 507 m.) de Boentok.

A Tankan Lama, finies les collines de alang-alang ou à peu
près. Direction de la route est-ouest. Petit déjeuner assis
sur un tronc d'arbre. Tout le kampong s'assemble. Que
les femmes sont sales! Poitrines au vent....

A 8 h. 1/4 nous nous remettons tranquillement en chemin,
toujours en troupe, qui fait l'effarement des enfants ici et là.
A 10 h. 1/4, arrivée à Kelarat, frontière de notre route avec
celle de Tamiang Layang à Beto.

A 10 h. 3/4, nous entrons à Beto. Ce que j'aperçois tout
d'abord c'est le petit clocher de bois de l'église. Je porte le
courrier à M. Hendrik; il est absent. Sa femme me reçoit. Je
puis me reposer sur une vraie chaise et je profite d'un tiffin
(déjeuner) mieux ordonnancé que mes repas journaliers. Mais
à 2 heures il faut partir, quitter cette terre chrétienne où les
Dajaks font des prières au dieu des Européens.

Il a plu pendant notre arrêt, et nous devrons traverser la
forêt par un chemin qu'on m'annonce mauvais, nous rendre à
Patong. Hélas! personne ne peut dire la distance, et en route
la fatigue vient vite. Pourtant, nous arrivons à Patong à
6 heures du soir, en un bien triste état, après une dizaine de
pals dans la forêt humide, boueuse, la belle forêt qu'on ne
peut admirer, occupé qu'on est à regarder à ses pieds.

Patong (60 habitants) est de suite en émoi. Les groupes
viennent au pasangrahan, et alors commence la soirée de
bavardages sans fin, sur les feuilles qui m'intéressent, sur les
contrôleurs passés, bons et mauvais. Puis c'est mon Chinois
qui excelle à intéresser les Dajaks avec des histoires abracada-
brantes de chasse au tigre, d'énergie déployée pour défendre
ses droits contre un contrôleur oppresseur.

Tous sont assis en grand demi-cercle autour de moi sur
deux ou trois rangées. Je trône sur une chaise que j'ai trouvée.
On fume, on boit tout ce que j'offre. Le Pembakal ne sait pas
ouvrir un paquet de tabac....

Quand j'en ai assez, je me retire. Peu après chacun s'en
va avec force Slamat tidor (bonne nuit).

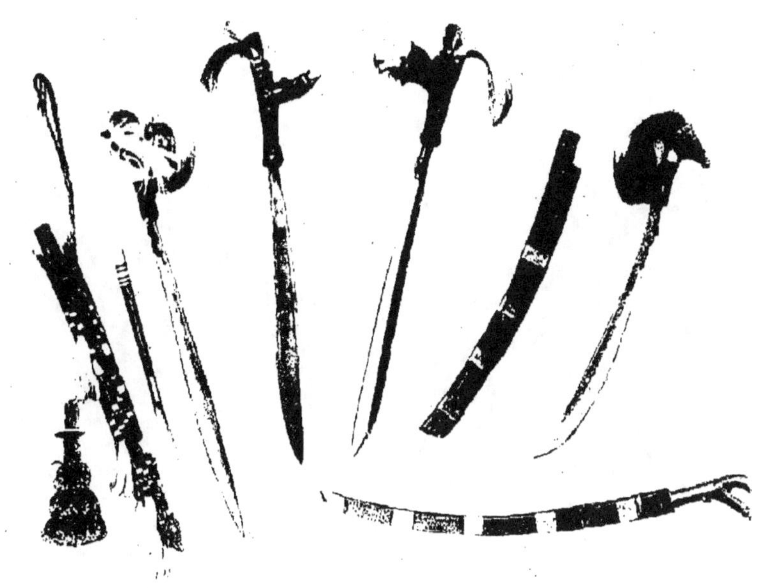

Armes dajaks.

Nattes et ciselures (Rivière de Sembakoeng).

Le lendemain, nous reprenons la route à pied, avec de nouveaux porteurs; nous ne ferons qu'une petite étape et cependant nous changerons deux fois de porteurs. Il ne semble pas que les Dajaks aiment beaucoup se fatiguer.

Au premier arrêt, à Rodok, grand conciliabule avec les pembakals de Patong et de Rodok. Deux chaises sont offertes ; mon Chinois et moi y prenons place. Devant nous, on pose une table trois fois haute comme une chaise, qui nous vient jusqu'au menton, et sur le plancher à jour, en lattes de bambou recouvertes de nattes, s'accroupissent pembakals, wakils (adjoints) de pembakals, porteurs qui nous quittent, porteurs qui vont nous accompagner plus loin. Et alors commencent les discussions d'affaires, moitié en dajak, moitié en malais.

Nouveau départ. Cette fois l'équipe est plus intéressante; elle comprend une femme et trois enfants qui se montrent très endurants et arrivent fièrement au bout de leur étape de cinq pals, à Lampeong. La femme mérite une mention spéciale. Courageuse, pas gênée, regardant bien en face, elle a quelque chose d'une mère Angot. Elle n'a certainement peur de rien; elle bavarde tout le long de la route tantôt avec moi, tantôt avec mon Chinois. C'est une forte gaillarde, bien découplée, de figure très régulière, malheureusement elle est sale comme le reste de la bande. Elle me raconte qu'elle a fait seule, aller et retour, le voyage de Bandjermasin; c'est évidemment assez crâne, puisqu'elle portait sur elle 30 florins, une fortune presque pour un Dajak.

A Betoeng, le pasangrahan sert aussi d'école : sur cinq poutres une trentaine d'enfants dajaks, cinq bancs devant eux en guise de tables, reçoivent l'enseignement que leur donne un jeune instituteur.

Conversation avec deux habitants. L'un est nouvellement devenu Malais, c'est-à-dire musulman, l'autre est doucement demeuré Dajak, mais son fils est chrétien et un des élèves de l'école. Les Dajaks prennent-ils au sérieux la religion chrétienne comme les Malais leur culte musulman? J'en doute! Enfin, si on les instruit c'est toujours autant de gagné — ou de perdu diront ceux qui les exploitent.

J'attends un bateau qui descende le Barito et qui ne paraît pas. Je manque de vivres. Du bien triste riz et de l'eau de coco, encore un peu de cacao. Pour ranimer les courages, nous cherchons une poule; c'est un vieux coq que nous découvrons. Je m'en régale ainsi que Chinois et boy. Enfin, après trois jours, un navire nous ramène à Bandjermasin.

*
* *

A Kota-Waringin par Koemai. — A Koemai, je quitte le bord pour me rendre à pied avec le boy et quatre porteurs à Pangkalanboen, où nous retrouverons le bateau le lendemain matin. Ce n'est qu'un voyage de 9 pals. Depuis Koemai nous sommes dans le royaume du sultan de Kota-Waringin. A Pangkalanboen, palais du sultan, que du reste il n'habite pas, se trouvant là trop près du contrôleur; il préfère une simple maison de kampong à Kota-Waringin où il est plus libre de pressurer les malheureux indigènes. Ce bonhomme perçoit un droit de 10 p. 100 sur tous les produits qui sortent des forêts.

Son palais à Pangkalanboen a de loin quelque allure, bâti qu'il est sur une petite colline à pic, à laquelle on accède par un escalier creusé dans la terre. De près, ce n'est plus qu'un amas de vieilles bâtisses en atap et bambou, en assez mauvais état, aux toits crevés, aux cloisons branlantes. Il garde là quatre vieux canons de bronze, baroquement montés sur des affûts et roues en bois. Dans un autre coin, sous une misérable bicoque de deux mètres carrés, quatre autres canons gisent dans la boue, dans l'herbe; ils sont sacrés ceux-là.

Aux abords du palais des pancartes avertissent longuement, en caractères malais, que les indigènes ne sont pas autorisés à se servir de la route qui passe près du palais; ils doivent faire un long détour à l'autre bout du kampong, et ils respectent cet ordre bien oriental.

Sur la rive gauche, c'est la terre ferme, sur la rive droite c'est le marais où on ne peut circuler que sur un plancher de 3 mètres de large qui longe la rivière sur une distance de 400 à 500 mètres. Pangkalanboen est la place la plus importante de la côte sud, après Bandjermasin, et compte 4 000 habitants.

Nous reprenons le bateau pour Soekamara.

Visite au Pangeran Tjakra, représentant du sultan, coiffé d'un fez rouge avec sur le devant un petit trou bordé de blanc pour laisser circuler l'air, et aussi, en guise de jugulaire qu'il ne met jamais sous le menton, j'aime à croire, un demi-cercle d'un métal rond et jaune qui voudrait être de l'or, mais qui n'est que du cuivre.

Ce brave Pangeran me reçoit sous sa véranda ; pour tous meubles : une vieille table ronde sur laquelle on jette vite un tapis sale vert et jaune et quelques chaises cannelées très usagées. Ce vieux a sa marotte ; j'en ai été prévenu par le contrôleur. Il est amoureux de Napoléon! Il possède une pièce de 5 francs de 1808 « Napoléon Empereur » et au revers « République Française »[1]. Napoléon a « une tête magnifique, couronnée, sans moustaches, une fine tête de femme », me fait remarquer le Pangeran. Pour flatter sa marotte, je lui raconte quelques prouesses de Napoléon l'invincible et ma qualité de Français fait que je suis de suite dans ses papiers, dans ses meilleurs.

Durant le trajet de retour, nous nous échouons sur le rivage de la mer. J'ai pu contempler alors tout à mon aise la Croix du sud, la tant vantée Croix du sud! Ce n'est certes pas une imposante constellation. Ses étoiles brillent l'une plus que l'autre ; elle est mal bâtie : représentez-vous une croix de bois ajustée tout de travers par le marteau d'un enfant, un bras en l'air, l'autre en bas, un bras court, l'autre long! Pourtant on la regarde et c'est dans sa course qu'est son originalité ou attrait : d'abord à l'est couchée sur l'horizon, elle se redresse, puis s'incline à l'ouest, son étoile de pied indiquant obstinément le sud ; à sa gauche, deux belles étoiles en ligne la suivent consciencieusement comme une flèche indicatrice.

1. Ces pièces ont été, après leur émission, immédiatement retirées de la circulation.

*
* *

A Adjah, rivière de Tewe. — Nous avons couché sous un simple abri tels que les construisent Malais et Dajaks, ici et là, pour le temps du travail des ladangs : à 2 mètres du sol, un assez vaste plancher en bambou, en partie en plein ciel ouvert, en partie grossièrement recouvert. Le nôtre compte deux appartements : un sur le côté de la terrasse, un en arrière; cloisons en lambeaux qui n'ont jamais proprement existé. Heureusement pas de grande pluie, pas de vent.

Un Dajak nous attend au bord de la rivière pour nous guider dans la forêt. Une demi-heure de marche et nous sommes dans une plantation d'oebi (pommes de terre oblongues), d'ananas, de gutta-percha, un joli mélange! Nous apercevons au loin une cahute, dans le genre de celle où nous avons passé la nuit, et d'où sort un tintamarre de gongs et de voix humaines inexprimable.

A notre approche, le chef vient au-devant de moi, salue cérémonieusement, me prend par la main et me conduit à la maison. Mon escorte interpelle l'orchestre : plus fort! plus fort! et quand nous arrivons au bas de l'escalier, la musique fait rage. L'escalier, comme toujours : un tronc dans lequel des encoches servent de marches. Je grimpe presque à quatre pattes, tandis que musique et cris redoublent. J'entre en pleine danse. Le chef me présente une sorte de trône, installé pour moi, sur une estrade : une caisse recouverte de sarongs; sans grâce je me hisse sur ce trône et je domine toute l'assemblée, une cinquantaine de Dajaks, principalement des femmes.

Musique et danses s'arrêtent, et nous parlons des affaires qui m'amènent. Je demande ensuite qu'on reprenne danses et musique.

L'orchestre, deux ou trois tambours indigènes, longs et peu larges, et deux jeux de magnifiques gongs de bronze : un de quatre petits gongs, un de quatre grands, sur lesquels frappent énergiquement deux femmes.

Au milieu de la terrasse, un tempayang, espèce d'amphore qui contient un alcool « toeak » fabriqué par les Dajaks avec

Jeunes filles de la rivière de Sembakoeng, en costume de fête.

du riz et autres ingrédients. Un homme accroupi se tient près de l'amphore; au moyen d'un morceau de bambou, il y puise continuellement, remplit une corne de buffle qu'il tend au danseur et aux danseuses tournant autour de lui, et chacun, homme et femme, vide jusqu'au fond la corne d'abondance. Plus il est bu, plus les cris sont perçants : olé, olé, olé !...

Les danses continuent monotones. Un seul danseur et sept ou huit femmes tournent lentement en faisant toutes sortes de petits pas apprêtés, les accompagnant de mouvements des bras et des mains. Le danseur va chercher les femmes qui restent à l'écart, les force à entrer dans la ronde, à accepter la corne. Le chef lui-même tient à me faire tous les honneurs : à hauteur d'épaule, il s'attache un pied à un des piloris de la baraque, se dresse perpendiculairement à ce pilori où il s'appuie des deux pieds, et exécute, ainsi suspendu en l'air, des mouvements du corps, des bras, des mains. Je le félicite. Au moment de quitter la fête, le chef va chercher sa femme, l'amène devant moi, lui prend la main, la met dans la mienne, en me disant : ma femme! Et il fait déposer à mes pieds un panier de riz et une poule qu'il m'offre en signes d'amitié et de remerciement de ma visite.

Ces danses vont durer au moins trois jours, et finiront, comme apothéose, dans le sacrifice d'un buffle. Ne pouvant plus sacrifier un homme, les Dajaks se contentent d'un animal. Ils vous disent cela très simplement! La pauvre bête est lardée pendant une grande demi-heure de coups de lance, puis abattue, et alors c'est le régal, les grandes mangeailles et beuveries.

A Merampan, sur la rivière Lahei, j'ai couché près de deux urnes, mal fermées, renfermant les os d'un tas d'ancêtres de la famille que l'on conserve dans le toeak. Quel voisinage!

Les Dajaks boivent tant et plus de toeak qu'ils boivent même, au dire des Malais, celui-là.

*
* *

Sur la rivière Maroeei. — Marocci. Pas de pasangrahan, mais je découvre au bord de la rivière un abri : une estrade

6

avec un méchant toit d'écorces d'arbre. C'est sur cette estrade que sera flambé dans une semaine, avec toute la construction, un buffle que le kampong se promet d'immoler à sa façon. Attaché à un poteau, au milieu de la place publique, le buffle est entouré de tous les habitants qui exécutent une danse de guerre. Chacun armé d'une lance, d'une pique « toembak », larde la pauvre bête qui, achevée, est transportée là où je vais coucher, brûlée, dépecée, et dévorée pendant de longs jours par la population.

Le poteau du sacrifice est l'ornement fondamental de tout kampong dajak. C'est le monument artistique. En haut, grossièrement sculptée, est une statue presque toujours très indécente, soit homme, soit femme, dans des postures naïvement bizarres. Il est des kampongs qui en possèdent plusieurs; à Medjangkang, sur le Montalat, il y en a une demi-douzaine.

Que signifie ce poteau! Impossible jusqu'ici de le savoir. C'est évidemment une superstition religieuse, mais quelle est-elle?

Vous ne vous figurez pas tout ce que comporte de scènes inattendues cette existence sans maison, sous un simple toit. C'est mieux que la maison de verre. C'est la vie entière devant des témoins. C'est la toilette, matin et soir, suivie par des yeux ébahis qui ne comprennent rien aux nécessités des Européens. Aussi matinal que vous soyiez, vous êtes toujours devancé par les curieux qui semblent être à l'affût, car ils accourent au premier mouvement que vous faites de sortir de la moustiquaire. Les objets de toilette et la façon d'en user les intéressent énormément : le rasoir et le savon, la brosse à dents et les limes à ongle, les petites fioles aux belles couleurs, le Dr Pierre qu'on verse avec attention, les peignes, les brosses, le miroir, tout provoque des remarques dont le ton indique l'étonnement.

Pour moi, ces scènes sont dépourvues d'intérêt, et je désirerais bien souvent quelques minutes d'isolement; elles sont parfois nécessaires! Ma chambre à coucher rappelle assez l'estrade d'une baraque de foire.

*
* *

Je rentre de mon voyage sur le Maroeei juste à temps pour assister à un mariage malais à Moeara Laong.

Le kampong est situé sur les deux rives du Barito. Sur la rive gauche habite le fiancé, sur la rive droite la fiancée.

Vers trois heures, la rive gauche s'anime d'hommes, ainsi que de femmes avec, en plus de leurs sales habits ordinaires, des voiles roses, rouges, bleus sur la tête. Toutes ces petites taches de couleurs voyantes offrent un tableau pittoresque. Ces gens s'embarquent dans leurs longs et légers esquifs, hommes et femmes à l'avant et à l'arrière; les enfants dans le milieu ne sont que de petites boules rouges, bleues, têtes voilées, qu'on voit au-dessus du bord. Sur une sorte de radeau fait de barques attachées ensemble, une foule bigarrée entoure un trône surmonté d'un dais, sous lequel se tient le fiancé. Ce radeau porte aussi une musique et est orné d'une bête fantasmagorique : un dragon au corps de rotin recouvert d'une étoffe faite d'un assemblage disparate de petits morceaux.

Le radeau avance lentement, et quand il approche de la rive opposée, il est accueilli par des gens costumés en revenants, dont le rôle est de s'opposer au débarquement du fiancé et de sa suite. Une lutte simulée s'engage entre les revenants des deux partis, lutte, ou plutôt danses, avec des parangs (kris) de bois.

Les revenants de la fiancée battent en retraite, ceux du fiancé débarquent, escaladent la rive. La lutte recommence sur la route. Des barricades de bambou, de pinang, arrêtent les revenants du fiancé. Les danses continuent. Chaque barricade caché du riz, des cocos, des gâteaux qu'on porte chez la fiancée. A coups de couteau, les revenants du fiancé les font tomber. A l'entrée du jardin de la maison, une barricade est surmontée de bacs remplis d'eau qui se déversent sur eux à la grande joie des enfants et de l'assistance entière. Comme les autres, cette barricade tombe aux mains des assaillants, parfois aidés du parti de la fiancée.

Dans le jardin encore deux barricades, et la voie est libre.

Les revenants dansent de plus belle. Leur déguisement consiste en masques, en casques de papier ornés de plumes, en crinières faites de fibres de coco, du moins pour la plupart. Un d'eux représente un crocodile, un autre une femme enceinte, parlante allégorie qui donnait lieu à des facéties, en gestes des danseurs, en paroles du public.

Pendant tout ce temps, la fiancée est cachée dans sa maison; le fiancé, lui, est venu du radeau jusqu'au bord de la route. Il se tient là, sérieux comme un prêtre qui porte le Saint-Sacrement. Du reste, lui aussi, comme le prêtre, est sous un dais, un parapluie qu'un ami complaisant tient au-dessus de sa tête. Cet ami est à sa droite; à sa gauche, son père ou la personne chargée de l'amener à sa fiancée et qui le tient par la main.

Ce trio seul est sérieux, au milieu des simagrées des revenants. Quand le chemin est ouvert, il s'avance solennellement, monte l'escalier de la maison où on le reçoit sous une pluie de maïs. Continuant sa marche, il entre. Quelques instants après, sur deux sièges qu'on place au haut de l'escalier, apparaissent les époux qui s'assoient, restent là quelques instants à se faire contempler et admirer. A la demande du public, ils ont dû sortir trois fois : des rappels comme au théâtre!

Et c'est fini! Le rideau est tombé.

Le marié était habillé d'un singlet et d'un pantalon blanc, nu-pieds, coiffé d'une haute couronne en papier blanc épais, à laquelle sont plaqués toutes sortes d'enjolivements de couleur, soit en papier, soit en verrerie; autour des reins un tutu de danseuse, moins volumineux mais bigarré. La mariée était en sarong bouffant; sur la tête un diadème du même style que la couronne du marié, à la taille une guimpe blanche; les bras nus.

Tous deux avaient le visage peint de jaune clair.

*
* *

Sur la rivière Kapoeas. — Au kampong dajak de Merangan, près de Meliau. Le chef du kampong vient à notre rencontre; j'ai évidemment été signalé, car il a fait toilette pour me recevoir, et il m'invite gracieusement à entrer dans la maison où chacun habite en commun. Je dois grimper par l'escalier traditionnel, le tronc d'arbre, pour pénétrer dans une longue galerie où grouille toute une population presque nue.

La maison comprend un long couloir étroit sur lequel donnent d'un côté les dix portes des dix appartements particuliers à chaque famille, de l'autre la galerie. Une partie de cette dernière sert de promenoir, tandis que dans l'autre sont étendues nombre de nattes. C'est ici que l'on m'installe une sorte de siège surélevé au moyen d'un bloc de bois, si bien que ma tête touche presque le toit. Autour de moi sont vautrés hommes et enfants, tandis que des femmes solides et pas trop laides vont et viennent dans leur léger costume : pour tout, un torchon bleu autour des reins descendant à mi-cuisses et qui s'ouvre sur le côté légèrement en avant pour permettre d'entrevoir l'aine et la naissance du ventre.

Je bavarde avec tout ce monde en malais. Je m'installe à manger. On me regarde avec de grands yeux et les remarques vont leur train. Des femmes sortent sur le pas de leur porte et appellent « makan », à table! Et chacun disparaît dans son appartement, où le repas est servi en D sur des nattes : quelques assiettes de terre cuite où abonde le riz avec des légumes bizarres et des sauces malodorantes.

*
* *

A Tandjong selor. — Parti de Bandjermasin le 5 avril, j'étais à Tandjongselor le 11. J'ai fait le voyage avec un lieutenant commandant une patrouille d'environ 50 soldats et d'une quinzaine de condamnés aux travaux forcés qui ont dans leurs attributions la spécialité d'accompagner, comme porteurs, les expéditions rendues de temps en temps nécessaires par des semblants de révolte ou par quelque excès de colère de Dajaks coupeurs de têtes. Cette fois-ci, il s'agit pour le lieutenant de remonter à 200 kilomètres à l'intérieur, où on a tranché deux têtes malaises. Des nouvelles arrivent de Lepoemoet : onze nouvelles têtes sont tombées; la lutte est déchaînée et les Dajaks semblent prendre goût à ces hécatombes.

*
* *

Les ennemis dans les forêts de Bornéo sont principalement les sangsues et les moustiques.

A chaque instant, il faut s'arrêter pour se débarrasser des infâmes sangsues, qui marchent, non pas comme un ver, mais toujours en arc de cercle, tantôt sur la tête, tantôt sur l'autre extrémité. Elles grimpent, se faufilent; chaussures, guêtres, ne vous en garantissent pas, et le soir, à l'étape, quand on se déshabille, on est tout étonné de trouver sur le corps de gros grains de beauté : ce sont des sangsues repues. A peine êtes-vous en train d'éponger le sang qui coule obstinément, que le deuxième ennemi arrive. C'est le moustique! Les moustiques sont légion, ils sont multitude, et dans le silence, leur bruit rappelle le son des fanfares de cavalerie dans le lointain. Pour se garantir de cet ennemi, il n'y a que la moustiquaire, divine moustiquaire qui vous garde, protège votre sommeil et vous permet de faire du bon sang pour les sangsues du lendemain.

TABLE DES MATIÈRES

CHAPITRE PREMIER

BORNÉO HOLLANDAIS

CHAPITRE II

BORNÉO OUEST

CHAPITRE III

BORNÉO SUD ET EST

CHAPITRE IV

VOYAGES DE M. LALLEMENT A BORNÉO...   71

Carte de Bornéo. — *N. B.* Des exemplaires de l'ouvrage peuvent être obtenus chez l'Éditeur et à l'Encyclopaedisch Bureau à Batavia.

918-20. — Coulommiers. Imp. PAUL BRODARD. — 12-20.

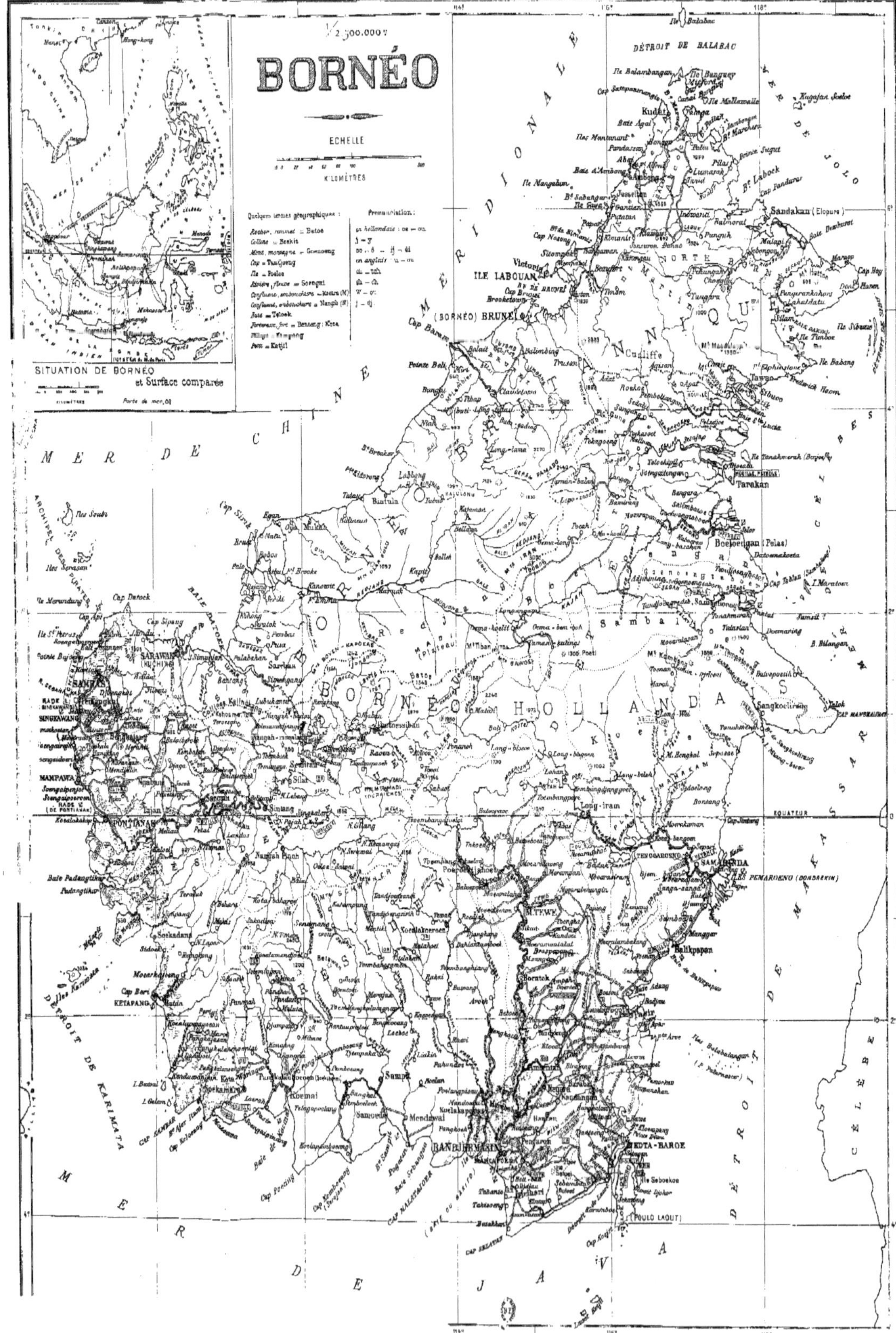
BORNÉO
1/2.500.000
ECHELLE
KILOMÈTRES
Quelques termes géographiques :
Prononciation :
SITUATION DE BORNÉO
et Surface comparée
MER DE CHINE
DÉTROIT DE BALABAC
MER DE SOLO
MER DE CÉLÈBES
ILE LABOUAN
(BORNÉO) BRUNÉI
Cap Baram
Kudat
Sandakan (Elopura)
NORTH BORNÉO BRITANNIQUE
Tarakan
Boeloengan (Pulas)
SARAWAK (KUCHING)
SAMBAS
SINGKAWANG
MAMPAWA
PONTIANAK
TENGGARONG
SAMARINDA
ILES PEMARDENG (DONDERIN)
Balikpapan
KETAPANG
MEULABOH
BANDJERMASIN
KOTA-BAROE
EQUATEUR
DÉTROIT DE KARIMATA
DÉTROIT DE MACASSAR
MER DE JAVA
BORNÉO HOLLANDAIS
Iles Soubi
Archipel des Anambas
Iles Natuna
Iles Tambelan
Iles Karimata
(POULO LAOUT)